管理论道，道含方圆之中
启卷品道，道溢墨香之上

PROCESS-ORIENTED TRAINING MODEL

“流程化”培训模式

——铁路员工培训模式的创新与实务

陈铎 著

中国铁道出版社

图书在版编目（CIP）数据

"流程化"培训模式：铁路员工培训模式的创新与实务 / 陈铎著. —北京：中国铁道出版社，2013. 10

ISBN 978-7-113-17234-3

Ⅰ. ①流… Ⅱ. ①陈… Ⅲ. ①铁路员工—职业培训—模式—研究 Ⅳ. ① F530.6

中国版本图书馆 CIP 数据核字（2013）第 200843 号

书　　名："流程化"培训模式——铁路员工培训模式的创新与实务
作　　者：陈　铎

责任编辑：王　楠
编辑助理：朱景芳
封面设计：张　奎
装帧设计：永诚天地 联系电话：13701244599
责任校对：龚长江
责任印制：赵星辰

出版发行：中国铁道出版社（100054，北京市西城区右安门西街 8 号）
网　　址：http://www.tdpress.com
印　　刷：北京铭成印刷有限公司
版　　次：2013 年 10 月第 1 版　　2013 年 10 月第 1 次印刷
开　　本：720 mm × 1000 mm　1/16　印张：16.25　字数：245 千
书　　号：ISBN 978-7-113-17234-3
定　　价：39.50 元

序言

XUYAN

“流程”花丛又一葩

2013年“两会”，通过了铁路改革方案，指明了铁路企业深化体制机制改革，建立现代企业制度的发展方向。振奋之余，作为铁路培训的长期合作与参与者，也加深了我对“铁路培训如何适应新体制新机制要求”的关注，同时，期待着这一重要课题的破解。陈铎同志的这部书稿让我为之心动。

陈铎同志作为铁路企业的管理者，还同时兼任我们大连交通大学的客座教授、硕士研究生导师。在校企合作中，我们之间逐步加深了了解，结下了深厚的友谊。在我的眼里，他是一个“不一样”的学者型的企业管理者，长期致力于企业管理、企业培训管理的理论与实践研究。在国家有关期刊上发表相关论文数篇。给我印象最深的是，他长达7年对“流程”的不懈求索以及对“流程”理念的深悟与青睐。与他的交流中，我经常会感应到他所谈及的管理现象中的“流程”涌动。

由于工作的关系，我长期关注企业特别是铁路企业的培训管理，深知铁路培训的特殊性，深感其中现代元素的稀缺，也一直期盼着一个现代铁路培训管理模式的诞生。

目前，国际管理学领域，有关“流程”问题在管理范畴中备受追捧，在众多的“流程”探究中，呈现出百花争艳的局面，但尚未涉足培训领域。

《“流程化”培训模式》让我眼前一亮，仔细品读之间，满足了我对铁路培训管理的长久期盼，感叹于对“流程”的“跨界”试水，于是欣然应邀为之作序。

这本书很难得。难得在于，它能够使现代培训理论与当前铁路实际很好地契合，能够科学地回答铁路培训中的制约性难题，能够巧用“流程”链条舞动起培训管理，能够实现对普遍的培训理论的贯通与超越。

这本书很实用。实用在于，它把培训精华“化合”进铁路培训土壤，把理论要领融进培训体系构架，把培训管理规范植入具体操作要点，使科学蕴含于操作“流程”之中。这本书的实用价值，还来源于它已经初显功效的实践收获，这无疑奠定了其实用的根基。

适逢中国铁路开启改革之门，在铁路企业阔步迈向现代企业制度之机，《“流程化”培训模式》一书悄然面世。我期待它有助于促进铁路培训转型升级的实践探索。

谨此推荐。

王云东

大连交通大学　副校长

2013 年 9 月于大连

前言

铁路企业的运输生产具有全国联动性、专业复杂性、工种多样性、衔接紧密性、技术多元性、人员分散性、风险超级性等个性特征，其生产组织、生产管理的难度远远超乎寻常。而且，中国铁路的技术装备水平、运输效率已经进入世界领先行列。此外，铁路还将深化企业体制机制改革，建立现代企业制度，实行市场化经营。这些，都对员工的个体素质提出极高的要求，也对铁路企业培训模式与现代企业管理对接提出迫切要求。然而，铁路企业目前的员工来自不同层面、综合素质整体有待提高，而所普遍采用的既有员工培训方式，却一直沿用计划经济时期、列车运行时速几十公里技术时代的计划型、传统型、粗放型培训方式。这种培训方式，与高铁时代的铁路高技术装备、与现代企业制度所要求的铁路管理方式、与现代培训的理论和实务的发展阶段反差巨大，已根本不能适应各方面形势发展的需要，必须做出革命性的变革。

“流程化”培训模式，是在深入研究现代管理理论、培训理论，广泛借鉴大型国企、外企、现代企业、培训机构等成功做法的基础上，充分结合铁路企业实际，所进行的深入实践探索和理论创新；力求能对铁路企业培训管理的转型升级发挥积极的促进作用，试图对其他相关行业的大型生产性企业，提供改进培训管理的参考借鉴。

本书所介绍的“流程化”培训模式，以现有的铁路企业组织结构为参考，面向即将建立的铁路现代企业制度，紧密围绕铁路企业生产管理对员工的素质需求，深入剖析培训管理的现实问题，冲破一系列传统禁锢的束缚，突出“科学”、“特色”、“实用”三大主题，追求面向现代企业制度的现代培训管理、符合铁路企业特性、解决现实培训和生产问题“三大目标”，努力在理念转换、理论导入、方法移植、体系构建、据实创造、便于操作六方面大胆创新，寻求突破。“流程化”培训模式，引入了本书作者与其团队在铁路大型施工安全质量管理中，所创建的生产“流程化管理”模式（即将出版）的思维和要件，以“流程化管理”贯穿培训管理全程，用“流程化管理”手段对培训管理、培训组织的各个关键环节实行全程控制，努力实现“八个培训”目的，即“融入生产、按需培训，产品多样、精细培训，突出技能、做强实训，流程管理、抓实培训，载体实用、个性培训，网络搭台、服务自训，优化资源、保障培训，杠杆激励、活化培训”。

“流程化”培训模式，是以“铁路局”这一铁路企业主体为研究样本（参照一个具体铁路局的实际情况设计具体事项，以求细化操作性项点），在“铁路总公司—铁路局—运输站段”的“三级管理”的管理体制和组织结构框架下，研究设计的铁路企业培训的“通用模式”，同时，也考虑到下一步建立现代企业制度的深化铁路企业管理体制机制改革，具有一定的“适应改革”的“兼容性”，稍加调整便可使用，既注重了现实性又兼顾了长远性。此外，也突出了理论与实践的统一性，既阐明了如何设计培训管理的理论问题，又提供了如何组织开展培训的实务手段。

本书既可以用作大型企业集团，特别是铁路运输企业培训管理的参考书，也可以用作上述企业或培训机构对企业培训师和培训管理人员进行员工培训方面业务培训的辅助教材，还可以为培训理论与实务研究等相关业务提供参考。

本书在撰写过程中，参阅了相关培训理论与实务的书籍，学习了一些先进企业和培训机构的做法，特别是得到了大连交通大学马云东副校长的首肯和认可，并欣然作序，在此由衷致谢！同时，还获得了部分职教工作同行和其他一些同志不少的宝贵意见和建议，由王丹、崔凯等同志协助完成了一些辅助工作，取得了中国铁道出版社的大力支持，在此一并表示感谢！

希望通过本书的出版发行，对铁路系统乃至其他一些企业的员工培训工作有所启发、有所帮助，哪怕是些许的功效，也算作者为员工培训事业尽了一份心、一份力！这将是本书作者最大的心愿与快乐！

本书的主旨是培训理论与实践的结合性探索，内容和所提观点均属学术研究范畴的个人看法，仅供业内同仁参考。

由于作者阅历、视野、水平和时间有限，书中偏颇之处在所难免，恳请读者对不妥和谬误之处给予斧正。

陈　铎

2013 年 9 月于哈尔滨

目录 / Contents

第六篇 "流程化"模式的师资建设

第七篇 "流程化"模式的教材与教辅开发

第八篇 “流程化”模式的信息化建设

第九篇　"流程化"模式的评估与激励约束

第十篇　"流程化"模式的资料管理

第一篇　新模式的提出

第一篇

新模式的提出

“流程化”培训模式的提出，是深入分析各时期铁路培训模式与当时所处宏观环境发展阶段的匹配性后，受现代培训理论和各类先进企业与培训机构成功做法的启发而确立转型方向的；是充分研究和考虑铁路企业实际，逐项深入探索现代培训理论、外部成功经验、铁路企业实际三者结合点，形成的“三位一体”的融合性框架思路的；是在借鉴并导入其他管理理论与实务，赋予培训管理新的管理方式中逐步充实的；是经过广泛深入征求意见并进行全面与分项试点，实践验证是可行和有效的；是在上述工作基础上，加以理论归纳、体系梳理、实践微调等一系列完善后，才正式形成的。

第一章 员工培训模式的沿革与现状

马克思主义哲学的基本观点指出："生产力决定生产关系"，"生产关系对生产力会发生反作用"。用这一基本观点分析指导培训工作，可以得出这样的论断：一个时期的企业员工培训模式，必须与这个时期企业的生产力水平相适应。培训模式低于当时生产力发展的水平，就会阻碍生产力的发展，高于当时的生产力发展水平，就会与生产力发展相脱节，同样会成为生产力发展的障碍。一个企业必定始终处于经济和社会的大环境中，其生产力发展必然与整个经济社会的生产力发展阶段相一致。

因此，深入分析铁路企业培训模式的历史沿革，有助于正确分析各个时期培训模式与当时生产力的适应性以及培训模式的正确性，有助于正确判断当前既有培训模式的适应性，以及将创建的新模式的正确性和可行性。

本章提要

- 铁路的生产特点和职工队伍特征
- 铁路培训模式的沿革
- 既有模式的特征、弊端及成因
- 企业员工培训的发展趋势与特征

第一节　铁路的生产特点和职工队伍特征

铁路是国民经济的大动脉，是全国性、网络状的特殊行业。铁路企业的运输生产具有全国联动性、专业复杂性、工种多样性、衔接紧密性、技术多级性、人员分散性、风险超级性等极强的个性特征，与其他行业及其他运输方式相比，呈现出极其特殊的生产特点和职工队伍特征。

一、铁路企业的生产特点

铁路犹如一台大联动机，其运输生产过程需要车务、机务、工务、电务、车辆、供电等多系统、多部门、多工种的联劳协作，运输产品的生产更多的是由多个企业共同完成的多环节作业过程，具有鲜明的行业生产特点。

（一）安全要求高。铁路运输安全与人民生命财产安全息息相关，随着提速、重载、高铁等新技术的应用，各种技术系统的复杂程度增加，安全风险随之增加，一旦发生设备异常和人的操作失误，可供纠正和避免事故的时间很短，对职工的故障判断能力和应急处置水平提出极高的要求。

（二）作业标准严。铁路运输生产系统是复杂的人机动态系统，作业难度大、工作标准严，对职工的基础素质、技术熟练程度和实践经验要求非常高。

（三）技术更新快。为满足社会生产需要和运力需求，铁路发展过程中各种新技术、新设备、新规章、新工艺持续不断地投入应用，对职工知识更新和知识结构的优化要求非常高。

（四）运输组织难。铁路岗位工种繁多、作业方式各异、工作班制不同，对运输生产组织的要求很高。要求职工培训必须适应运输生产组织的特点，做到因人、因时、因地制宜。

二、铁路职工队伍的特征

在计划经济体制的影响和传统培训模式的作用下，铁路职工队伍呈现出以下特征。

（一）思想观念滞后，"提素"意识不强。知识经济的到来与终身教育理念的提出，需要不断学习实践与现代企业相适应的新知识、新技术，需要全面加强综合素质培训。但多数铁路职工对"提素"的重要性认识不足，"铁饭碗"思想严重，对铁路面临的挑战和严峻形势缺乏应有的危机感，对专业技术培训的积极性不高，学习态度远远落后于现代企业的终生学习观念。

（二）文化基础偏低，培训难度很大。职工的文化素质参差不齐并且整体素质偏低，大部分职工来源于部队复员和政策性分配，在职工整体学历结构中，大、中专学历比例较小，大部分职工学历为高中或者初中，对铁路运输专业的理论缺乏系统的学习，理论根基不实，一定程度上限制了业务技能的全面提高。还有部分职工虽然具有较丰富的实践经验，但随着近几年科技发展及设备更新的加快，专业知识日趋老化，理论基础的先天薄弱为知识拓展更新带来较大障碍。多层次的文化结构和低层次的文化素质，给职工培训工作造成很大难度。

（三）岗位技能欠缺，不能满足需求。职工学历和技术职称虽然呈比例递增趋势，但实际能力和技术水平跟不上铁路发展的步伐，"四新"知识掌握较差，部分职工没有经过规范、严格的专业教育，对规章的学习教条化、孤立，无法达到前后联系、融会贯通，主要凭经验干活，知其然不知其所以然。非正常情况下的应急处理能力差，与岗位技能标准要求存在一定差距。随着铁路进入高铁时代，各种新技术、新设备不断投入运用，职工普遍感到难以适应，遇到非正常情况有时不知所措、处理不当。同时，各系统专业技术人才也明显不足，对确保运输安全、推进铁路发展造成了障碍。

（四）队伍分布不均，作用发挥较差。工人技术等级结构不合理，高、中、初级人才断层问题比较明显，铁路急需的、短缺的人才引进不足，不能完全满足铁路高速、重载和信息化发展的要求。人才资源分布不够均衡，专业技术人才大多集中在经济较为发达的地区，偏远站段和沿线艰苦地区人才紧缺，缺乏促进人才有序合理流动特别是向沿线艰苦地区转移的有效办法。专业技术岗位设置不够科学，关键岗位、关键工种的技术力量不强，一些单位劳动组织优化远没有到位，存在“三紧三松”的状况，即一线紧、二线松，沿线紧、枢纽松，主业紧、工附业松，造成一线缺员而后勤人员过剩的结构性矛盾，现有人力资源潜力没有得到充分发挥。

第二节　铁路培训模式的沿革

在铁路的发展过程中，为适应社会形势和运输生产的需要，铁路培训模式在不同的历史时期经历了不同的发展变化。

一、国民经济恢复和发展时期

在1950年2月7日召开的中国铁路工会全国代表大会上，通过了开展职工教育的决议，初步建立了各个铁路局的职工教育管理机构，从开展扫盲运动和开展业余教育着手提高职工队伍素质。并开始套用前苏联的管理体制，在培训模式上，推行中苏合办的中国长春铁路公司职工教育经验，明确职工技术教育的任务是用短期速成的办法，培训铁路运输需要的新职工和不断提高在职职工的技术业务水平。

二、开始全面建设社会主义时期

在1956年至1966年的10年中，铁路职工教育随着社会主义建设和铁路运输生产的发展取得了较快发展，培训模式由以扫盲为主逐步过渡。在继续扫盲的同时，初步建立起了初等、中等到高等的职工培训格局。

三、"文化大革命"时期

1966年至1976年"文化大革命"期间，部分铁路教育机构和培训基地被撤销，职工教育管理队伍和教师队伍被解散，铁路职工培训在大多数单位不能正常开展，路局层铁路职工教育一度停滞。

四、建设中国特色社会主义时期

1978年党的十一届三中全会以后，铁路职工教育经过近三年的时间才得以恢复。1981年中共中央、国务院发布《关于加强职工教育工作的决定》后，中共铁道部党组随即作出了《关于加强铁路职工教育工作的决定》，要求全路各级领导把加强职工教育、提高职工队伍素质，作为一项不容忽视的战略任务来抓。当时的职工教育培训模式，主要是在整体计划经济体制的框架下，按计划经济体制的模式运行。

2005年铁路"企业办社会"的职能移交地方后，铁路所属的职业院校基本全部移交地方，铁路几乎丧失了专业化培训资源，职工培训主要由各个运输站段自主开展。2006年开始重新组建铁路企业的职工培训基地后，职工培训又逐步回归到专业化培训的轨道。随着建设中国特色社会主义市场经济步伐的加快，铁路也开始了由计划经济向市场经济的管理转型，但是管理中计划经济的色彩依然十分浓厚，铁路职工培训仍然处在从上往下灌计划的状态，明显与现代管理制度不相适应。

第三节 传统培训模式的特征、问题及成因

铁路企业经过不同历史时期的发展和变化，一些铁路企业逐渐形成了具有行业特征的职工培训模式。随着社会的不断进步和铁路的快速发展，逐渐暴露出一些问题和不足。

一、传统培训模式的基本特征

由于受计划经济体制的影响和制约，一些铁路企业长期采用“计划任务型”传统培训模式（见图 1–1），具有浓厚的“计划经济”色彩，资格性培训只管入门，只管转岗，适应性培训也主要面向新技术、新装备、新知识。

用一句话概括，就是：“师傅领进门、修行在个人。”

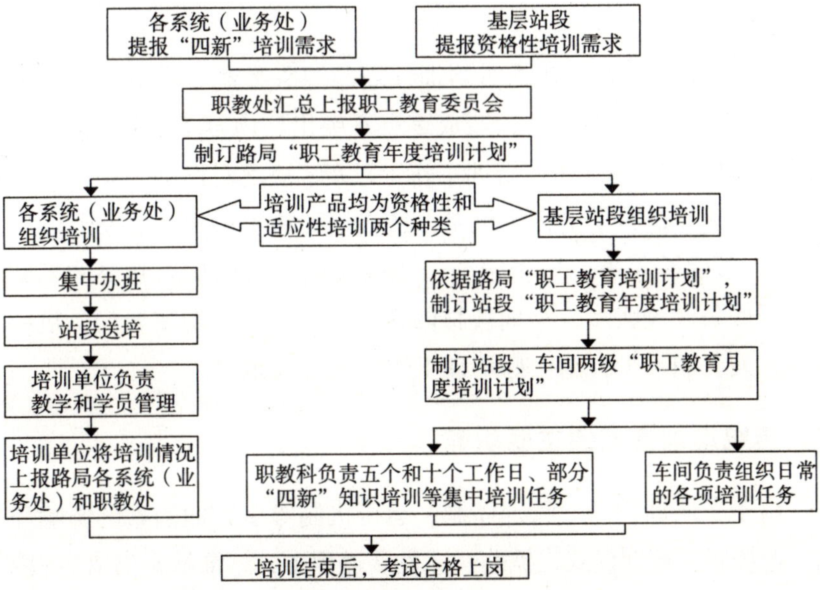

图 1–1 “计划任务型”传统培训模式结构图

二、传统培训模式的主要问题

（一）计划性强。一直延续"自上而下制订计划，层层完成培训任务"的培训模式，由于培训工作具有一定的计划性和强制性，因此培训任务一般能够得到较好落实。

（二）实效性差。由于侧重于培训计划的兑现，因此造成培训重数量轻质量，盲目地为完成培训任务而培训，在培训过程中缺乏对职工素质现状和现实工作需要的综合考虑，没有采取有效的方法和措施让每名职工真正学懂弄通、真懂会用，培训质量低、实效性差。

（三）培需脱节。缺乏对生产一线职工培训需求进行深入系统分析的机制，培训计划自上而下确定。订计划的人远离一线现场，不知道一线需要培训什么，只能凭经验、拍脑门、想当然，使培训计划与现场实际需求严重背离和脱节。

（四）职责不清。培训分工缺乏科学定位，培训体系中各层级的培训责任不清晰、培训载体不明确，交叉作业、重复劳动，极易产生漏培、漏项或重复培训。

（五）随意性大。缺乏对培训计划的源头控制，没有紧密结合现场实际需要进行调整设计，造成重点不突出、内容不实用；缺乏对培训过程的监督控制，导致培训工作走过场；缺乏对培训结果的质量控制，没有建立起科学的评价机制，造成培训流于形式、效果不佳。

（六）保障不够。应付眼前，忽视长远，培训缺乏必要的基础保障。硬件条件欠账多，培训教材内容落后，队伍来源安置型，机构不独立，人员职数少，给做好培训工作带来很大困难。

三、传统培训模式的主要积弊

由于受培训理念、管理体制、运行机制等多方面因素的影响和制约，传统职工培训模式在铁路快速发展过程中，逐渐暴露出诸多积弊。

（一）培训理念导向偏。表现为"计划上级定、注重干没干、检查看纸片、总结报数字”，偏重理论，忽视能力，自我封闭循环。理论与实际脱节、知识与能力脱节、内容与需求脱节、培训与问题脱节，高分低能现象普遍存在，培训不能很好地解决安全生产中的现实问题。

（二）培训手段太落后。培训理论和实务落后于时代，普遍采用“书本式”、“课堂式”、“灌输式”、“考试式”的培训手段；现代手段的采用面、利用率偏低，技能训练的比重和教具利用偏少，培训缺乏吸引力和实用性。

（三）职责分工不清晰。职责边际不清、分工不明；路局与站段、车间与班组搅和在一起抓，要么重复抓，要么就落空；各层级部门定位不明确、载体不明确、特色不鲜明。

（四）培训种类“两副药”。局限于上级规定的资格性培训、适应性培训两种“规定动作”，忽视培训目标的差异、内容的差异、人员的差异、方式的差异等需求的差异，不管什么“病”都“两副”。

（五）培训立项想当然。无视现场单项需求、个性需求、问题需求、动态需求等实际需求，坐在屋里编计划，自上而下定项目，上级定啥就干啥；凭经验订计划、等领导提要求、跟运动敲边鼓，培训浮在表层，不系统、不深入；需求分析意识薄弱，缺少需求分析工具，缺乏科学的培训需求生成机制。

（六）运行机制不健全。培训管理制度不系统、不完备、不细致、不清晰，没有构建起配套的培训管理体系；运行机制尚属空白，缺乏规范化的培训组织流程、标准化的环节控制机制、科学化的考核评估标准、多元化的激励约束体系等，导致过程控制不严格，培训组织走过场。

四、传统培训模式形式的原因

传统培训模式的一些问题和不足是受企业发展进程、管理体制、规章制度以及培训理念等多方面的影响逐渐形成的。

（一）长期自我运转，忽视改进创新。由于计划经济模式的影响，铁路企业长期处于绝对垄断地位，在基本上不存在竞争的条件下，缺乏改进培训、提升素质的积极性，主动投入和创新不足。同时，由于铁路劳动力配置结构在一定程度上呈刚性状况，职工在不同岗位和工种之间流动困难，也在一定程度上挫伤了职工参与培训的积极性和主动性。

（二）满足规定动作，忽视现实需求。培训工作局限于按规定组织资格性培训和按计划完成适应性培训，不注重解决运输生产的现实问题和现实需求，不重视职工价值实现、个人发展等深层次需要，培训的实效性和吸引力不强。

（三）方式手段单一，忽视科学实用。培训形式千篇一律，培训方法缺少创新，墨守成规的教学方法，造成培训不能适应运输生产的实际需要，职工所学知识不能在现场得到很好运用，培训成效不理想。

（四）培训组织随意，忽视约束规范。培训职责不清、培训导向偏移，为了完成培训计划而开展培训，培训组织过程存在盲目性和无规律性，缺乏必要的制度保证和控制措施，造成培训质量难以保证。

（五）体制机制落后，忽视正负激励。在分配机制上，职工实行固定的工资制，职工在收入上吃"大锅饭"，职工干好干坏收入一个样，缺乏提高岗位技能的动力，职工对提升技能的渴望要求不高，甚至觉得培训是上级强加给自己的额外负担。在用人体制上，由于铁路用工不存在就业的优胜劣汰，无法形成压力促使职工提高知识和技能，难以调动职工参与培训的热情。

第四节　企业员工培训的发展趋势与特征

随着社会的发展和进步，经过不断的发展、改进和完善，现代企业员工培训的理论及实践，逐渐形成了科学先进的发展趋势和基本特征。

一、企业员工培训的发展趋势

当前，主流员工培训主要有如下五个发展趋势。

（一）培训的职业化和专业化。随着全球化进程的加快，企业面对的是更加激烈的国际竞争。培训作为企业人力资源开发的重要手段，不仅注重新知识、新技术、新思想、新规范的教育培训，也注重人才潜力的开发，突出创造力开发、创造性思维和员工人文素养的培训。培训变得更加职业化和专业化，其针对性、时效性越来越强，培训分工也越来越精细。

（二）新技术在培训中的运用幅度加大。多媒体、互联网和其他新技术在企业培训中的运用日益广泛，给培训带来根本性的变革。先进的互联网、卫星传输等技术，为企业培训提供了更加优越的条件，现代企业培训的手段也由传统走向现代。培训方式发生革命性变化，打破了时间和空间的限制，能够很方便地满足及时的和不同步的学习需求，便于自学、集体交流和教师讲授。互联网上丰富的学习资源，能够让不同水平的学习者，通过整合互联网学习资源实现学习目的，并且可以节省大量的时间和金钱。

（三）培训更加重视成果转化和时效。培训部门往往需要对培训进行评估，从而确定培训是否达到基本要求。培训评估所获得的信息可用于了解培训活动的进展，但并不能说明培训与绩效之间的关系。现在的培训评估更侧重于受训者对培训项目的反应，培训立足于为企业发展和利益服务。在现在和未来，培训部门将更加关注两个问题：首先要真正能够把所学的知识、技能和态度运用到工作中；其次培训要与个人或团队的工作绩效相联系。因此，要确保把培训与特定的业务目标、员工和团队的绩效紧密结合。

（四）培训部门加强同外界的合作。企业培训部门必须加强同培训机构和外部培训人员的协作。培训机构包括管理咨询与顾问公司、高校、大众传媒公司等；外部培训人员包括顾问、专业讲师、研究人员等。一般采取单独或与企业一起合作的方式来提供培训服务。培训部门加强与院校的联系，提供基本技能培训，并制订顾客所需的专门培训计划。企业培训往往要求高、层次多、内容覆盖面广，有许多企业无法自身提供，于是培训的社会化应运而生。中小企业由于自身实力和培训资源有限，其培训需求往往由社会性培训机构来满足，企业员工培训也必然向市场化、产业化方向发展。坚持以培训推动市场开发，以市场促进培训开展的原则，不断强化自身特色，打造自身品牌，不断增强培训项目开发能力和市场营销能力，及时发现需求，善于提供有效供给，已成为企业及其培训机构努力的方向。

（五）培训方法多样化。在传统的培训中，通常以课堂讲授和实地观摩为主。课堂讲授多是"填鸭式"，实地观摩多是培训师带领学员到生产一线观看工人的实际操作，培训方法比较单一，员工被动地参与其中，容易产生抵触情绪。现代的培训方法则多种多样，既有讲授，又有游戏、角色扮演、小组讨论、案例分析、辩论、视频教学等方法。在学习过程中培训师会穿插使用各种培训演绎方法。通过小组讨论法使学员之间相互交流和沟通，通过游戏法使学员在寓教于乐中领悟培训内容的含义，通过角色扮演法则使学员设身处地地从对方角度着眼体会感受，通过案例分析法使学员理解基本原理，并自觉地把所学的知识付诸实践，通过讨论法使每一位学员都主动地参与其中，畅所欲言，突出自我表现的机会。多种多样的培训方法使培训内容丰富多彩，既加深了员工对培训内容的理解和掌握，又更大地发挥了员工的学习积极性和主动性。这种参与式培训方法较以往的被动式培训方法更为科学和有效，大大地提高了培训质量。

二、企业员工培训的基本特征

当今社会越来越重视人力资源，企业也越来越重视员工的培训。员工培训不仅可以提高员工的个人能力，还可以提高员工对企业的归属感，减少企业人才的流失，从而提高企业的经济效益。当前的企业员工培训，主要具有六个方面的基本特征。

（一）企业发展要求的主导性。社会经济和科技的快速发展、知识的快速更新、信息的快速传播以及市场的激烈竞争，使企业本身需要不断的创新。培训要以满足企业发展需要为目标，按照员工不同岗位的需要，重点传授特定的知识和技能，提高员工的工作能力和水平。尽管企业培训的内容和形式多样化，但是其最终目的是要服务于企业的发展。员工得到发展的前提是企业能够顺利发展，企业的发展可以为员工的发展提供稳定的平台，为员工发展指明方向。

（二）提高生产效率的实用性。企业通过培训提高员工的工作水平，提高企业的生产效率，从而为企业赚取更多的利润。培训要确保员工能够将培训的内容运用到工作上，培训成果的转化成功与否，在很大程度上决定了培训是否有效。

（三）结合企业及员工的针对性。员工培训的最终目的是实现企业与员工的统一，这就要求在进行员工培训时要针对不同企业和企业不同的员工实施不同的培训。对不同性质的企业，所采取的培训方式、方法和内容是不一样的；对企业内不同性别、年龄、学历、岗位的员工进行培训时，企业也要尽可能在满足企业发展要求的同时，满足员工个人发展需求，以提高培训效果，实现企业与员工的双赢。

（四）培训内容的离散性。由于受时间和经费的限制，培训通常是按照“缺什么，补什么”的原则，因此培训内容的系统性不足，很多内容是离散的。此外，除了要根据工作需要提供理论性的知识传授外，培训更多的是传授工作经验。工作经验的传授可以使培训成果更容易转化到现实工作中，但工作经验的传授通常是缺乏系统性的。

（五）培训方法的多样化。企业培训的形式和方法是多种多样的，既有传统的传递法，也有基于互联网技术的现代培训方法。传统的讲座式培训注重的是讲师在台上讲课，缺乏学生的交流和实践，使得培训效果不佳。新式的培训更加重视学生的实践与体验，通过感悟提高培训效果。

（六）培训时间的零散性。企业员工培训不同于学校教育，在企业员工培训中，员工必须在做好本职工作的前提和基础上进行培训。因此，员工培训的大部分时间会被安排在业余时间开展，而且经常根据员工的工作时间和工作量大小而变化。

第二章 现代培训理论体系的借鉴

员工培训是企业人力资源开发与管理的主要内容。借鉴和掌握科学的现代培训理论体系，对增强培训管理的规范性、系统性、整体性、长远性具有重要意义，也对员工知识技能的改善和提高、创新精神的发掘和培养、行为准则的规范和强化有着十分重要的意义。

本章提要

- 培训在企业发展中的作用
- 培训体系的构成
- 培训与管理的融合

第一节 培训在企业发展中的作用

培训是为提高人们实际工作能力而实施的有组织、有计划的介入行为，是企业发展最直接的推动力，是新知识、新技术、新政策的转化器，是企业获得竞争优势的重要战略要素。培训不仅可以提升员工的个人能力，还可以提高员工对企业的归属感，减少企业人员的流失，从而提高企业的经济效益。培训对企业发展的作用大致可分为三个方面。

一、撬动作用

通过对企业安全、经营、管理等方面的综合分析，确立正确的培训导向，用影响制约企业发展的主要矛盾主导员工培训，用主要矛盾的各种现实需求开启培训立项，在企业发展的"短板"上发挥橇动作用，找准培训工作的着力点，通过培训解决各种不适应的问题，使培训成为企业摆脱困境的"杠杆"。

二、拉动作用

通过建立和完善符合企业实际的培训体系，把培训纳入制度化、规范化、常态化轨道，促使员工经常进行知识更新和技能提升。通过持续提高员工的素质基础，不断夯实企业的发展基础，用队伍素质的提升拉动企业发展，使培训成为企业持续发展的"火车头"。

三、驱动作用

建立科学完善的培训机制和留住人才的激励机制，将员工个人的职业生涯发展目标与企业的战略发展目标统一起来，增强员工的归属感和责任感，提升企业的向心力和凝聚力。通过企业培训和自主学习的双重作用，促进安全、生产、经营等各方面人才的养成。在人力资源的支持下不断推进管理创新、技术创新和工作创新，为企业发展提供不竭动力，使培训成为企业健康成长的"发动机"。

第二节　培训体系的构成

按照系统论的观点，由若干个相互依存、相互制约的要素组成的具有特定功能的有机整体称为体系。每个体系都由若干个要素组成，培训体系需要具备三个基本要素：一是培训管理要素。通过制定相关制度、工作流程，指导培训持续、有序进行；二是培训支撑要素。通过整合、强化培训资源，保障各项培训顺利进行；三是培训实施要素。通过多渠道、多手段开展培训，确保培训的针对性和有效性。完善的培训体系，是提升员工整体素质的必备方法，是提高企业竞争能力的有效途径，是实现企业战略目标的基础。

培训体系一般由以下基本内容构成。

一、培训管理体系

（一）明确培训职能。根据培训在不同的进展阶段，明确企业高层、培训组织部门、相关部门及员工个人要承担的角色和责任。

在需求分析阶段：企业高层要共同分析企业整体战略发展相关的培训需求；培训组织部门要组织进行企业整体培训需求分析，协助各部门进行各专业培训需求分析，汇总各部门的培训需求；相关部门要了解、掌握本部门员工的培训需求并进行分析整理，将部门需求汇总至培训组织部门；员工要填写培训需求表反映个人培训需求。

在培训计划阶段：企业高层要决定企业的中长期和年度培训方针，批准培训计划；培训组织部门要制订企业的中长期培训计划及企业培训预算，设计和规划具体培训课程；相关部门负责制订本部门的培训计划及培训预算；员工个人要清楚企业和部门的培训计划。

在培训实施阶段：企业高层要在工作安排中预留一定的培训空间；培训组织部门负责培训准备和实施的过程监控，进行各部门专业培训的协调和指导；相关部门负责开展本部门的培训活动；员工个人要参与培训前评估并按照需求分析结果参加相关培训。

在培训评估阶段：企业高层负责指导培训评估并提出改进建议，培训组织部门负责对培训结果进行检查、评估并作出报告，相关部门负责对本部门员工培训结果进行评估，员工个人配合开展培训后的评估工作。

（二）合理组织设计。考虑企业规模和人力资源管理，从四个层级进行培训组织设计。

一级设计：适用于企业创业初期，规模较小，没有明确独立的培训组织来专门实施培训管理工作，一般由人力资源部门相关人员兼任。

二级设计：随着企业的发展，一般会设立培训部门和专职人员全面负责培训管理工作，并在重要业务部门设立兼职培训人员。

三级设计：企业规模较大时，设立两级以上培训组织机构，一般将总部培训部门定为培训体系建设的资源建设中心，将分部培训部门定为项目实施中心，并明确各自培训管理的职责。

四级设计：企业发展到一定规模后，建立自己的培训基地，承担起向企业内部、合作伙伴和社会提供培训服务的职责。

二、组织学习体系

（一）按培训对象确定培训方式。针对培训对象的不同职位，选择恰当的培训方式，使培训发挥最好的效果。

要充分考虑不同职级的特点及要求、同一职级不同岗位的特点及要求、职位人群的年龄特点、职位人群的学习特点、职位在企业的重要程度、具体培训内容特点等因素，选择适合的培训方式。

基层人员负责一线的具体操作，其工作性质要求所接受的培训内容具体且有较强的实用性，应选择角色扮演法、一对一教练法等方式。

基层管理者在一线负责管理工作，其工作性质要求与一线工作人员和上层管理者进行有效的沟通，应选择讲授法、案例分析等方式。

高层管理者负责企业的计划、控制、决策和领导工作，需要接受新观念、新理念、制定战略、应对环境变化等培训，应选择激发新思想的研讨法和创新思维的户外训练法等方式。

（二）按人员特点确定培训方式。根据不同类型人员的学习特点，选择恰当的培训方式。

新职员工社会经验不多，容易接受新知识，求知欲旺盛，应选择课堂讲座、多媒体教学、角色扮演、工作指导等方式。

技术型人员受本专业影响深，善于思考，思维严谨，强调数据和事实，应选择普通授课、案例讨论、技术研讨、认证培训等方式。

管理型人员喜欢实用的管理理论和方法，应选择短期培训、替补训练、情景模拟、工作轮换等方式。

（三）按学习内容确定培训方式。根据知识类、技能类和态度类三方面不同的学习内容，选择能更好诠释该学习内容的培训方式。

对知识类的学习内容，重点选择涉及理论及原理、概念及术语、产品及服务和规章制度介绍等，促进学员对实际学习理论的掌握，扩大其知识面。

对技能类的学习内容，重点选择涉及生产与服务的实际操作能力，组织学员自己动手实践，从中发现不正确、不规范的做法并及时改正。

对态度类的学习内容，重点选择涉及观念及意识的改变、言行及心态的改变等相关内容。

三、需求分析体系

（一）需求分析时机。在规划与设计人力资源培训体系之前，由培训部门、主管人员和工作人员等收集企业战略、组织与员工的相关数据信息，然后采用一定的分析方法和技术，对各种组织及其成员的目标、知识、能力等方面进行系统的鉴别和分析，以确定企业是否需要进行培训以及培训的内容。

（二）细分培训需求。从普遍培训需求、个别培训需求、短期培训需求、长期培训需求多方面入手，就组织分析、任务分析、人员分析多维度进行培训需求分析。

组织分析主要是指通过对组织目标、资源、环境等因素的系统分析，准确找出组织存在的问题，并确定培训是否是解决此类问题的最有效的方法及组织最需要的培训类型等。根据组织的运行计划和远景规划，预测本组织未来在技术上及组织结构上可能会发生什么变化，了解现有员工的能力并推测未来将需要哪些知识和技能，从而预测出哪些员工需要在哪些方面进行培训，以保证培训计划符合组织的整体目标、公司文化与战略要求。

任务分析主要是指通过对完成组织任务所需要的知识、技能同现有状况差距的分析，确定培训内容，设计出真正符合企业绩效和特殊工作环境的培训课程。

人员分析主要是指通过对工作人员绩效的分析，发现员工能力与实际工作之间存在的差距，以此为依据来决定谁需要参加培训及培训的内容。

（三）需求分析方法。培训需求分析的方法较多，主要有面谈法、问卷法、观察法、小组讨论法、工作任务分析法、素质模型等，不同的分析方法具备不同的特性，可以根据企业实际需要灵活选择。

四、师资管理体系

（一）师资选配。培训师资是企业培训的核心组成因素，是企业培训成功与否的关键。要根据选拔范围、选拔标准、选拔流程和选拔制度，重点从知识经验、培训技能、人格魅力三个维度去考虑是否符合选择或配备的条件。

（二）师资考核。考核方式分为培训项目考核和年终考核。培训项目考核的主要内容为课程内容的熟练程度、授课技巧和课堂控制等。年终考核的主要内容为教学质量、教学效果、工作态度、课程内容开发等。考核依据主要包括学员满意度和培训部门评价两个方面。考核结果要做到充分量化和客观公正，并与绩效考核和职位晋升挂钩，起到督促和激励的作用。

（三）师资培训。加强课程开发培训，做到熟知课程开发要领、熟悉课程开发类型、掌握课程开发流程。加强授课技巧培训，做到灵活运用授课原则、科学制订教学计划、熟练掌握培训过程。加强授课方法培训，做到综合考虑培训目标、培训内容、培训资源、培训对象等各种因素，合理选择授课的方法和种类。

五、预算控制体系

（一）预算编制依据。在进行培训之前首先应了解培训的成本，做到心中有数。培训成本主要包括直接成本和间接成本两大部分。培训预算是一段时期内，培训部门对培训方案实施费用和培训管理费用等培训成本的估算。编制依据要充分考虑历年培训预算数据、培训需求、全年总经费预算、人力资源费用总额、上年度的利润、同行业培训预算数据、规定的人均培训经费及员工数等要素，并遵循以下四项编制原则：一是坚持诚实信用的原则，确保培训预算数据的真实性；二是严格遵守国家及企业关于预算编制的相关规定；三是根据培训部门的预算控制金额，量入为出；四是坚持实事求是的原则，如实调查本部门的培训需要和其他培训相关事项。

（二）预算项目设置。培训预算项目设置应遵守会计预算项目设置的相关要求，培训预算项目中的支出项目按用途统一设置，培训预算项目设置要适应各部门培训活动的特点，并做到统一明确、简明扼要，宜简不宜繁。

（三）预算编制流程。一是收集培训预算相关信息。主要收集企业面临的问题以及针对这些问题员工需要学习的内容、企业的发展目标以及为实现这些目标员工需要学习的内容、现有的培训情况等方面的相关信息；二是确定培训课程；三是确定授课环境、授课方式和授课方法；四是综合考虑课程内容难易程度、学员人数等因素确定课时；五是根据企业的不同情况，适当选择课程是内部开发还是外包；六是综合考虑各种因素最终确定培训预算费用。

六、课程设计体系

（一）明确培训课程目的。进行课程开发的目的是说明员工为什么要进行培训。只有明确培训课程的目的，才能确定课程的目标、范围、对象和内容。

（二）进行培训需求分析。培训需求分析是课程设计者开发培训课程的第一步。进行培训需求分析的目的是以满足员工的需要为出发点，从环境、个人、职务各个层面上进行调查和分析，判断企业和个人是否存在培训需求以及存在哪些培训需求。

（三）确定培训课程目标。培训课程的目标是员工经过培训应达到的标准。它根据培训的目的，通过需求分析而形成，具有具体化、数量化、可衡量的特点。

（四）进行课程整体设计。课程整体设计是针对某一类人的培训需求所开发的课程架构，课程整体设计的任务包括确定费用、划分课程单元、安排课程进度以及选定培训场所等。

（五）进行课程单元设计。课程单元设计是在课程整体设计的基础上，具体确定每一单元的授课内容、授课方法和授课材料。课程单元设计的优劣直接影响培训效果的好坏和受训者对课程的评估。

（六）课程阶段评价修订。在完成课程的单元设计后，对需求分析、课程目标、整体设计和单元设计进行阶段性评价和修订，以便为课程培训的实施奠定基础。

（七）组织培训课程实施。在培训方法的选择、培训场所的选定、培训技巧的利用以及适当地进行课程控制等方面做好准备，组织推进课程实施，按期达成培训目标。

（八）进行课程总体评价。在课程实施完毕后对课程全过程进行评价判断，确定培训效果是否达到预期的目标，评估受训者对培训效果的满意程度。

七、效果评估体系

（一）效果评估的内容。培训前要组织评估，帮助企业找到具有针对性的员工培训需求，为培训后的效果评估提供参照对比数据。评估内容主要是对学员的能力水平和行为进行评估，找准学员素质与企业战略需要、岗位需求之间的差距；培训中要组织评估，帮助培训管理人员控制培训实施的有效程度。评估内容主要是培训活动的参与状况、培训课程内容、培训进度、部分培训效果、培训环境、培训组织状况和受训人员学习情况；培训后要组织评估，对培训的最终效果进行评价，明确培训项目选择的优劣，了解培训预期目标的实现程度，为后期培训计划、培训项目的制定与实施提供借鉴。评估内容主要包括培训目标达成情况评估、培训效果效益综合评估、培训相关人员工作绩效评估。

（二）效果评估的模式。一是反应评估模式。通过反应评估，掌握学员对于培训反应的积极程度和对培训项目的满意程度，把握学员的参训动机，作为合理设计后续课程项目的参考；二是学习评估模式。通过对同课程内容相关的知识、技能、态度评估，衡量受训人员学习成果的获得程度；三是行为评估模式。通过综合考虑行为改变预期、行为改变条件、行为改变成本等因素，评估受训人员所学知识、技能和态度在实际工作中的应用程度。

（三）效果评估的关键。在进行培训效果评估之前，应该首先考虑四个方面的问题，它们在培训效果的判断中具有重要作用。一是有没有发生变化？培训的最根本目的就是改变学员的知识、技能、行为、态度，弥补在工作、人际关系上所欠缺的地方。因此，评估培训效果的首要因素就是经过培训之后，学员有没有在上述几个方面发生变化。一次有效的培训必然会产生有变化的结果；二是这种变化是否是由培训所引起的？由于学员培训前后的行为和态度变化，不仅仅取决于培训过程本身，还取决于企业环境的变化、培训期间个体的成长成熟、学员对培训的认知等多种因素的复合作用。因此，必须设法从诸多变量中区分出培训本身的影响；三是这种变化与企业目标的实现是否有积极的关系？企业要想生存和发展，重视绩效是必然的。企业组织的很多活动都是围绕实现企业绩效的提升而展开的，培训的最终目的就是在提高所有员工水平的基础上推动企业的发展，因此，培训后的变化是否与企业目标的实现有积极的关系，是评定培训效果好坏的关键指标之一；四是下一批学员完成同样的培训后，是否还能发生类似的变化？如果只是某一批学员发生了改变，而其他人员变化不大，就应该分析除了培训以外的其他影响因素。如果技能、知识水平差不多的多批学员均发生了相似的显著变化，则说明培训产生了作用。

八、行政支持体系

（一）培训运营支持体系。为保障培训顺利进行，从地点选择、教学设备、培训资料、教学现场管理和相关人员等方面，为培训正常运营提供支持。

（二）后勤保障支持体系。保障培训学员在培训期间的住宿、饮食和交通等服务，为培训学员营造舒适的培训环境，使培训学员无后顾之忧，能专心参加培训，实现培训效果最大化。

（三）培训评估支持体系。从信息收集、意见反馈、效果评估、档案建立等方面，为培训评估的顺利开展提供有效支持。

九、制度保障体系

（一）员工参与培训制度。是指企业内部基层员工参与培训时应遵守的相关规定，以保证实施培训的收益最大化。制度规范包括员工参与培训的目的、参与制度制定的依据、参与培训实施的办法、参与培训制度的核准、参与培训制度的解释等内容。

（二）职外培训管理制度。是指暂时离开工作岗位进行脱产培训的相关规定。制度规范包括外派培训申请审核、外派培训候选人甄选、外派形式及培训内容、外派培训管理规定、外派培训协议合同等内容。

（三）员工学历教育制度。学历教育制度的目的是为员工学历教育工作提供依据，确保学历教育的质量。制度规范包括报考条件、院校及专业、申请审批、学费报销、违约规定等内容。

（四）员工岗前培训制度。是指员工上岗之前必须经过全面的培训，没有经过全面培训的员工不得上岗的相关规定，体现了“先培训、后上岗”的原则。制度规范包括岗前培训制度的意义及目的、需要参加人员的界定、组织培训的权责部门、培训的要求及标准、具体培训方法、特殊情况处理办法等内容。

（五）企业培训考核制度。培训考核作为培训发展过程的重要环节，既可以检验培训的最终效果，也是规范培训相关人员行为的重要途径。培训考核必须按相关规定进行，并且要标准一致、过程开放、公平公正。制度规范包括考核对象及考核执行者、考核项目范围、考核主要方式、考核评分标准、考核结果处理等内容。

（六）员工培训奖惩制度。是指明确培训可能出现的各种优劣结果的奖惩标准，是保障培训管理制度能够顺利执行的关键。奖惩制度规范包括制订目的、执行组织与程序、奖惩对象说明、奖惩标准、奖惩措施等内容。

第三节　培训与管理的融合

员工培训是企业管理的一部分，要与企业管理高度融合。员工培训好比“自转”，既要建立和规范一整套自己的有效运转体系，更要紧密围绕企业经营管理发展的需要，做好“公转”，为企业发展做出应有的贡献，在“自转”和“公转”的统一中求作为、做贡献、谋发展。

一、要与企业现行的管理体制相匹配

如果培训模式脱离了企业管理体制的实际，推进过程中不相容的

部分就会产生激烈的排斥和碰撞，从而阻碍培训模式的应用。为此，要依托企业管理体制设计优化培训模式及流程，从初期的培训需求分析开始，到最后的培训效果评估反馈，以及培训过程中的明确培训内容、确定受培人员、选择培训方法等一系列培训环节，要站在企业管理的角度去系统规划，使之遵循企业的管理模式、管理理念及管理传统。要充分结合企业的现行制度，保持企业内部层级和职能上的平衡，虚心听取相关部门的建议和意见，使培训获得支持、产生共鸣、体现合力。

二、要为企业战略发展规划做铺垫

战略发展规划是企业关于未来的设想，是企业方针政策和长、短期目标的全面体现，从总体上规定了企业发展的基本方向、主要目标和重大步骤，是统筹企业发展的全局性纲领。提高人员素质既是企业发展的当务之急，又是固本强基的长远之策。培训战略与企业整体战略发展规划具有适应性、协调性和支持性，培训活动必须始终围绕企业战略发展规划来确定自己的使命、愿景和战略，把职工培训提升到战略的高度，把职工的行为引向企业战略的方向，契合企业经营对人员知识和技能的要求，体现培训规划与企业规划的一致性。

人员培训规划既是实现企业战略发展规划的基础，更是实现企业可持续发展的必然选择。人力资源素质的提高能够促进企业生产水平的提高，同时还能减少由于人员流动或者员工技能落后造成的成本开支。从现代企业来看，通过培训提升职工队伍素质，不仅是个人发展、岗位成才的需要，更是企业转变增长方式，充实无形资产，加快创新发展的主渠道。只有把人员培训工作摆到经营战略的地位上，同经营、生产、管理、技术等工作融为一体，才能培养出质量型、效益型、创新型的人才。要通过加强培训工作，实现人力资源的科学管理，加快人才资源的开发和转化，变人才资源优势为人才资本优势，不断提高企业的核心竞争力和可持续发展的能力。

三、要与企业各阶段的管理重点相对接

要根据企业不同阶段的重点任务，确定各阶段培训的重点内容，做到培训工作与管理重点相对接，职工能力与现实需要相匹配。培训工作与管理工作相对接要把握好三个关键环节：首先，要根据企业的发展进程，明确各个阶段的管理重点；其次，要针对某一阶段的管理重点，梳理出需要完成的工作任务清单；最后，要通过分析工作任务清单，确定所必需的知识、技能和能力。在此基础上确定培训工作方向和重点内容，增强培训的针对性和实效性。

四、要与企业现行的管理机制相配套

培训必须从企业的自身特点和实际出发，与现行的管理机制特别是人力资源政策相配套，依靠市场的手段，组建起培训、考核、使用、待遇相配套的系列运行机制。这样才能提高员工培训的积极性，才能使企业有活力。首先，员工培训的结果要纳入对员工以及教师的薪酬考核，对员工在培训期间的表现及成绩都要如实记载作为考核依据；其次，员工的技能水平高低与薪酬分配制度严格挂钩，每年或更短的时间段，对技能水平进行评定，确定其薪酬水平；再次，企业要对培训结果进行严格把关，对技术资格严格审核，保证每个持有技术资格的人员都有真本领；最后，企业文化要让学员形成“要我学”变成“我要学”的氛围，让员工有学习的渴望，自己抽时间学习，从而也解决工学矛盾。通过完善培训机制提升培训的地位，促使教师积极、学员努力，培训效果自然会增强。

五、要补强企业经营管理问题中的员工素质缺陷

综合考虑企业经营管理的重点需求，注重培训内容与受训者现状和企业经营管理需求相匹配。科学分析员工的专业知识层次、工作经历以及受训后在工作中运用所学知识的能力，找准素质短板，确定培

训是否合适以及哪些人员需要培训，增强培训的针对性和实用性，减少员工的现有绩效和企业的期望绩效之间的差距。

要进行员工个性结构分析，摸清受训者的个性因素。要进行员工知识结构分析，摸清各个文化层次的员工数目。要进行员工专业结构分析，根据不同类型的员工需要不同的专业知识和技能，确定培训的侧重点。

同时，分析过程中还要关注员工的个性特点、工作态度、工作动机和工作风格等多方面的素质状况，从而有的放矢地弥补缺陷，提高企业人力资源素质，使员工各自的专业知识、技术能力等方面都达到岗位规范的高一层标准，适应企业和岗位未来发展的需要。

第三章 "流程化"培训模式概述

"流程化"培训模式的创建实施，是对培训理念与思路的重要创新，是培训模式的重大转型。

本章提要

- 培训模式创新的动因
- "流程化"培训模式的基本内涵
- "流程化"培训模式的实施原则
- "流程化"培训模式的关键环节

第一节 培训模式创新的动因

通过对培训与实际脱节种种弊端的反思，从推进企业持续健康发展的角度出发，明确模式创新要解决的主要问题，确定与企业发展阶段相适应的培训模式等级状态和体系特征，提出"流程化"培训模式的目标和构想。

一、培训与生产脱节的困惑与反思

由于长期的体外循环和自我运转，一些传统培训模式在培训职责、培训体系、培训组织、培训方式、培训保障、培训考评等方面，与运输生产实际有些脱节，存在着一些亟待解决的问题。

（一）培训职责不清晰。对培训分工缺乏科学定位，没有根据培训任务明确培训职责，培训主体作用发挥不充分。致使培训网络中各层级的培训责任不清晰、培训载体不明确，路局与站段、车间与班组搅和在一起抓培训，不但交叉作业、重复劳动，而且容易造成缺项和漏培。

（二）培训体系不完善。培训体系缺乏科学设计，对培训任务没有划分培训类别，对培训类别没有进行项目细分，对培训项目没有明确培训对象、培训内容和培训要求，造成培训任务不具体、培训内容不系统、培训标准不统一，无法形成完整规范的培训体系。

（三）培训组织不规范。缺乏对培训计划的源头控制。没有紧密结合现场实际需要进行调整设计，造成重点不突出、内容不实用。缺乏对培训过程的监督控制。不能及时发现和解决培训中存在的时间不足、人数不能保证等具体问题，培训组织不到位，导致培训工作走过场。缺乏对培训结果的质量控制。没有建立起科学的培训评价机制，造成培训约束不够、流于形式、效果欠佳。

（四）培训方法不实用。普遍采用"书本式"、"灌输式"的培训手段，重理论、轻实作，重课堂教学、轻现场演练，理论与实际相脱节。培训形式单一，现代手段的采用面、利用率偏低，培训理论和实务落后于时代，培训缺乏吸引力和实用性。

（五）培训保障不到位。师资建设力度不够。没有通过教师选聘、师资培训、动态调整等手段提升教学水平，缺乏德才兼备优秀的讲师、工程师、技师的师资队伍。教材深度开发不够。教材内容与实际岗位需求脱节，适合现场、直观实用的多媒体教材不足，不能满足教学需要。教学投入不够。没有综合考虑设备更新、技术含量、利用效率等因素进行设施投入，培训工作缺乏保障。

（六）培训考评不科学。缺乏流程式的考核控制，没有抓住关键性、深层次的管理问题，重点环节不突出，对培训工作督促力度不大。缺乏严肃的考核联挂，对施培、参培人员约束力不强。缺乏有效的激励约束，没有与晋职提级、评先选优等有机结合，调动积极性的力度不足。

二、模式创新所要达到的目的

“流程化”培训模式针对传统培训模式存在的突出问题，从转变理念、培训需求、流程管理、优化载体、效果评估、教辅建设等多方面入手寻找突破点，推进职工培训模式的改进和创新。

（一）从转变理念入手，解决认识偏差问题。改变“培训就要组班、培训就要进课堂、培训就要集中”等形式主义的错误认识，在“培训理念”上，变“计划主导培训”为“安全主导培训”；变“无的放矢培训”为“按需求培训”；变“更重培训数量”为“更重培训质量和效果”；变“偏重理论培训”为“兼顾理论、侧重能力”培训，通过培训理念上的转变促进培训模式的创新。

（二）从培训需求入手，解决培需脱节问题。变“坐在屋里编计划、从上往下灌计划”为建立科学的“源于现场、源于问题、源于变化、源于发展”的自下而上的“培训需求”生成机制。根据实际提出胜任素质模型、矩阵对照模型、信息统计法、概况分析法、履历分析法、主管观察法、自主讨论法、问卷法和面谈法共 9 种需求分析模型工具，摸清需求、有的放矢地进行培训设计，实现培训内容与实际需要紧密衔接，增强培训的针对性和实用性。

（三）从流程管理入手，解决培训弱化问题。变常规培训组织为全过程“流程管理”，建立站段、车间、班组、基地、院校等各层级的培训流程管理标准，职工培训按流程管理方式运作，细化建立“培训需求分析流程、计划制订与审批流程、培训组织与质量控制流程、考核评估流程”等项培训组织管理流程，推进培训管理规范化、培训组织标准化。

（四）从优化载体入手，解决途径单一问题。改变培训工作职教部门单打一的现状，优化职工培训的载体。对安全知识、“四新”知识等专业知识，由相关部门熟悉本专业的工程师进行讲解，实行专业辅导。由车间组织在生产交班会上，对本班作业中重点环节的技术控制难点进行分析，建立“车间讲堂”。通过每班作业“学一题、考一人，教一项、练一招，说一案、防一事”等形式，组织“班组学堂”，形成多渠道、多途径的培训局面。

（五）从效果评估入手，解决动力不足问题。制定路局对站段、基地、院校、项目的考核评估标准，建立4套360°培训质量评估模型，分别对培训课程、培训项目、培训效果和职教部门进行多维度综合评估，对培训做出科学、系统、公正的评价。并建立经费激励约束机制和奖惩激励约束机制，增强培训内动力。

（六）从教辅建设入手，解决培训保障问题。通过开展基层公开课和路局公开课，组织示范教学，提高教学质量。通过开展基层级示范课、路局级精品课，进行教学评比，提升授课能力。通过组织站段开发攻关性教材、基地开发专题性教材、路局开发综合性教材，形成科学的教材开发体系。通过站段每月更新、路局季度遴选的方式，动态维护完善题库。通过制定培训设施投入管理办法，确保培训设备设施不断优化，培训费用科学合理使用。

三、模式创新的现实意义

构建与实施“流程化”培训模式，是提高培训质量的必然选择，对提升队伍素质、推进企业发展具有很强的现实意义。

（一）有利于扭转培训理念，使企业人力资源得到发展。“流程化”培训模式打破了层层制定及完成计划式的培训格局，改变了“只管培、不管用”的传统模式，综合考虑企业急用、现场急需、职工急盼等因素开展培训工作，为强化职教工作提供了更好的载体，为促进企业人力资源的发展提供了更佳着力点。

（二）有利于防止导向偏差，使企业安全工作得到强化。“流程化”培训模式紧紧抓住铁路企业发展的主要矛盾，以安全工作为着力点，使培训工作为安全服务，培训组织围绕安全展开，培训效果用安全检验，通过队伍素质的提升，强化安全工作的保障，让企业发展的“短板”得到补强。

（三）有利于提升培训效果，使企业发展基础得到夯实。“流程化”培训模式从培训内容、培训方式、培训组织、培训评估、激励约束等多个方面，采用“培”与“用”紧密融合的形式，实现了生产需要和职工实际的科学对接，为提升职工素质提供了可靠保证，为企业持续发展奠定了素质基础。

四、目标模式的构想

着眼于企业发展的现实和长远需要，从培训全体系、全过程综合考虑，通过对培训各环节的改进创新，提出“流程化”培训模式的目标构想。

（一）用科学的理念主导培训管理。在目前铁路企业被安全深度困扰的阶段，通过培训解决现实主要矛盾，用安全主导培训、培训与管理融合、技能重于知识等培训理念引领培训工作，量身打造适于铁路、体现特色的培训管理模式。

（二）用需求分析开启培训立项。在科学规范的培训需求分析基础之上，有的放矢地设计培训产品及确定培训项目，使企业发展需求、岗位工作需要和职工素质现状实现无缝对接。

（三）用产品细分体系适应需求的多元化。将培训按类别和项目进行细分，针对不同层次、不同职名、不同类别、不同情况分别设计培训产品，满足铁路大联动机各部件正常运转对职工素质的不同需求。

（四）用适配设计体现培训针对性。对培训计划、教学计划、课程内容、实作项目等各环节精心设计，做到合理匹配、有序衔接、保证质量，并通过环节质量卡控促进整体质量提升。

（五）用流程管理贯穿运作过程控制。以“流程管理”为主线统领培训组织全过程，用流程“节点”标准指导培训组织各环节，确保培训运作程序规范、标准统一、控制有力。

（六）用自主化教辅工具物化教学。自主研发特色教辅工具，通过解剖构造、部件联动、原理演示、模拟检修、模拟推演等手段，变复杂的理论叙述为直观的物化展现。

（七）用绩效评估和有形杠杆激励约束。基于科学的绩效评估之上，实行岗位调整、职务评聘、收入增减、经费下拨、资金投入等多方面的综合联挂，发挥多种形式的杠杆作用，实现正负双向、收效明显的激励约束。

第二节 “流程化”培训模式的基本内涵

“流程化”培训模式是一个原创的新模式。在结合铁路和大型企业实际，对通行培训模式进行借鉴、改进、创新的基础之上，创建了全新的体系结构和运行方式。

一、模式概念

目前，对其概念等的总结概括仍然是初步和粗浅的。为便于读者对“流程化”培训模式进行了解，现将“流程化”培训模式的概念初步概括如下：

“流程化”培训模式，是顺应新时期大型生产企业的员工培训需要而创建的新型实用培训模式，是按“流程化管理”方式展开，对各个培训环节实行“流程化”管理与控制的培训模式。它以科学实用为目标，做到产品多样、精细培训，融入生产、按需培训，突出技能、做强实训，流程管理、抓实培训，载体实用、个性培训，网络搭台、服务自训，优化资源、保障培训，杠杆激励、活化培训。

“流程化”培训模式，具有“以理念创新为统领，以现代理论与经验的优选嫁接为遵循，注重体系建设的先进性；以产品细分体系为支持，以需求分析为前提，充分体现培训的针对性；以多元化培训载体为依托，以个性化资源配置为保障，努力增强要素选配的实用性；以质量标准为环节设计依据，以‘流程化管理’为贯穿过程控制主线，严格把握培训的规范性；以综合评估为载体，以有形杠杆为能量，保证绩效优化的持续性”等显著特质。

二、基本原理

“流程化管理”模式（见图 1–2），是本书作者与其团队，在铁路大型施工生产管理中，为强化安全、质量、效率管理而独立探索、首创提出、经过实践检验的新型管理模式。在长达 7 年的探索实践中，进行了不断深入的探索、修正、完善、总结，先后经历了“管理‘流程’阶段”、“流程管理”阶段、“流程化管理”阶段等三个逐层深化的发展阶段，最终形成了以流程推进的“生产工艺标准化”、流程推演的“问题措施模型化”、流程组织的“运行管理规范化”、流程要素的“资源配置优选化”、流程环节的“动态控制机制化”、综合管理的“流程联动系统化”、流程管理的“绩效评估科学化”为特征标志的“七化”的“流程化管理”模式。“流程化管理”模式的实施，实现了对最关键、最艰难的安全指标，以事故、故障“逐年减半”的态势并在后期持续保持最优指标的效果，呈现绩效的显著优化，其他生产和经营管理指标也表现出巨大的喜人变化。长期实践证明，“流程化管理”是经过生产实践检验，呈现出强大优越性、生命力和实用性的铁路“生产管理”新模式。

关于“流程化管理”，本书作者在另外出版的《“流程化管理”模式》一书中有详细介绍。

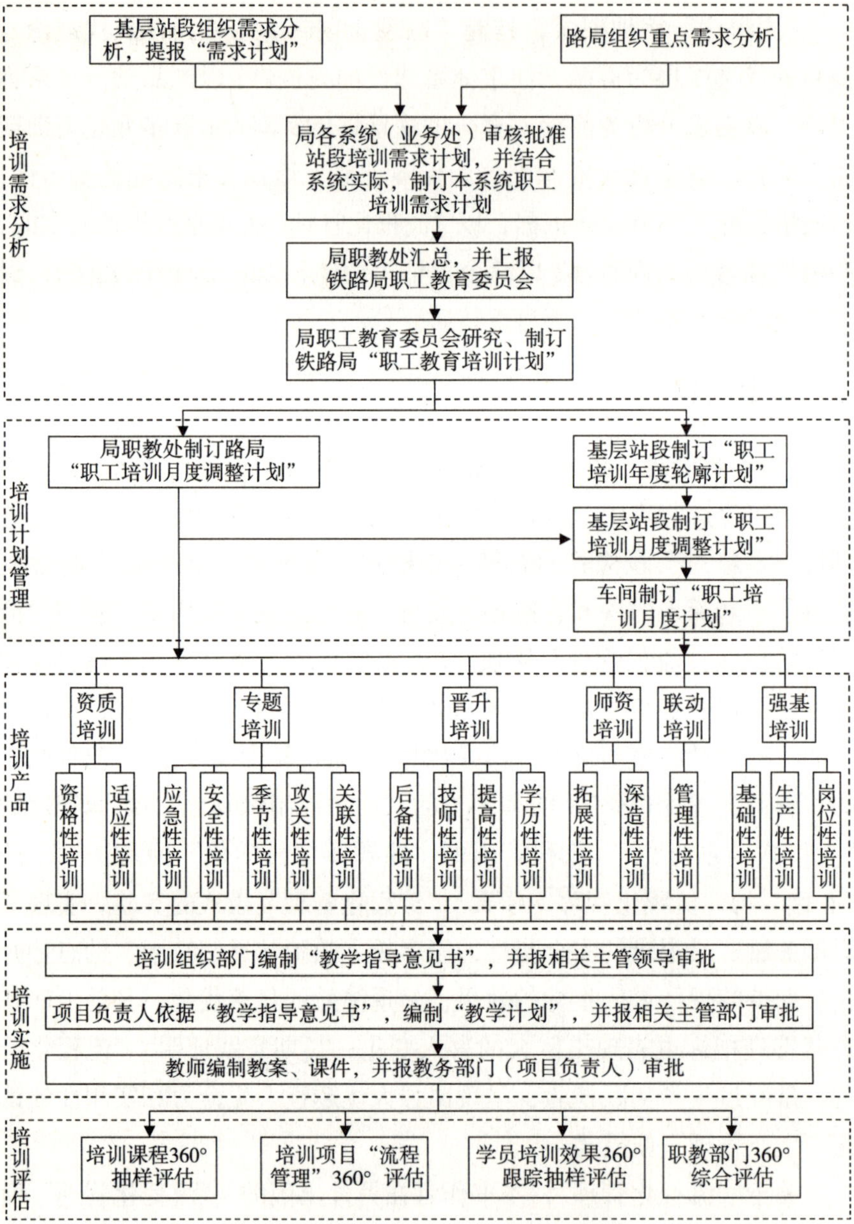

图 1-2 "流程化"培训模式结构图

（一）“流程化管理”的主要优势特征

1. 用“流程”统领和穿线，使各项管理拧成一股绳，增强联动性。

2. 作业按“流程”操作，使作业组织程序化、规范化。

3. 按“流程图”实施作业组织和控制，使作业组织和控制更直观、更简单。

4. 把标准植入作业环节，使生产作业标准化，各程序标准具体化、明晰化。

5. 把各个作业和管理人员的职责“物化”为具体的环节控制职责与措施，使控制增强操作性。

6. 利用“问题库”预判环节问题，使研判更全面、更充分、更准确。

7. 借鉴“定型”措施做应对预案，使控制手段更科学、更管用。

8. 实行过程评估与流程修正，使管理纠偏更及时、更有效。

“流程化管理”的基本原理图如图 1–3 所示。

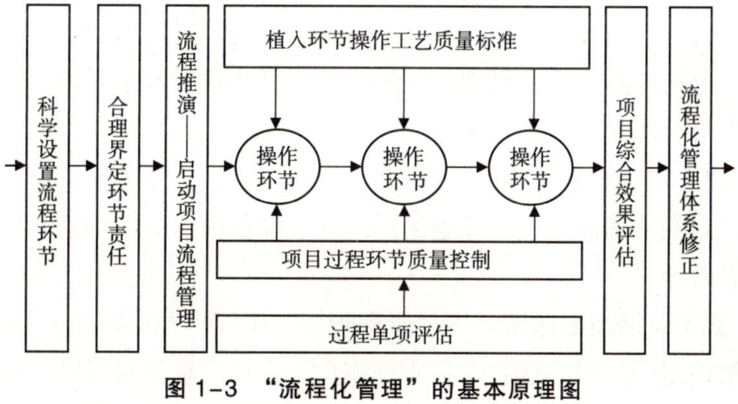

图 1–3 “流程化管理”的基本原理图

（二）实行培训“流程化管理”的优越性

1. 有利于使需求分析、培训设计科学化、合理化。

2. 有利于使培训组织过程条理化、桌面化、程序化。

3. 有利于使培训管理标准化、规范化。

4. 有利于使培训过程中的环节控制机制化。

5. 有利于使培训效果的评价科学化。

三、体系结构

在借鉴业界通行的培训体系结构的基础上，结合铁路员工培训的实际和"流程化"培训管理的需要，将"流程化"培训模式的培训体系细分为9个分支体系。

（一）培训管理体系。明晰职教处、业务处、职培基地、实训基地、站段、车间班组的培训职责，确立职培基地、实训基地、合作院校、基层站段、车间班组等培训渠道，改进常项培训载体，优选创造单项培训载体，强化学分制管理和基础管理。

（二）培训产品体系。按照路局、站段、车间三个层级，将培训任务按类别和项目细分为6类17项，形成纵向到底、横向到边、全面覆盖、各取所需、量身定做的培训产品体系。

（三）需求分析体系。需求分析的走向为自下而上倒求产生，需求分析的分工为站段主体分析、路局重点分析，抓住需求细分、分析组织、分析工具、需求研判、归纳确认、循环单元6个要点，促进培训需求与培训立项科学对接。

（四）培训设计体系。对培训各个关键环节进行适配设计，突出培训计划的准确性、教学计划的适应性、课程内容的实用性和实作项目的有效性。

（五）培训组织体系。用"流程管理"主线贯穿培训组织全方位，明确培训组织流程，建立学员管理流程，设计流程质量标准，制定流程管理控制机制，对培训组织进行全面控制把关。

（六）师资建设体系。以职教干部准入退出机制为保障，以职教干部上讲台制度夯实素质，以轮换、轮训机制提升能力，以教学示范和名师名课活动为有效载体，全力打造一流师资队伍。

（七）教辅开发体系。组织开发攻关性、专题性、综合性培训教材，自主性、专题性、系统性开发教学课件，动态完善和更新题库，配备直观性的实物模拟教具，利废建设实训设备设施，为培训提供全面到位的物质基础保障。

（八）信息化建设体系。以互联网和局域网为依托，制作职教专门网站（网页），升级完善“在线培训考试系统”和“互动教学考评系统”，开发各系统、各类主要设备的“应急处置模拟推演系统”和“主要行车设备模拟检修系统”，完善教材库、名师库、课件库、案例库、试题库、名课库等“六库”建设，做到职教“两网页”、“四系统”、“六库”互相链接，推进网络培训入车间、进班组，实现远程教学、互动交流、资源共享功能。

（九）评估激励约束体系。将效果评估与激励约束有机结合，通过经费激励约束机制，将评估结果与经费下拨、设备投资、津贴标准、费用支付相联挂；通过奖惩激励约束机制，将评估结果与评先选优、惩罚处理、职务级别相联挂，有效增强激励约束的力度。

四、运行方式

从培训全过程的关键环节入手，以“流程管理”为主线，推动培训工作有序运行。

（一）按企业现实需求进行培训设计。倒求培训需求，对培训需求按站段、路局两个层面自下而上进行细分。

1．站段层：主要从上岗与转岗资质、提职、提级、后备引发的需求，新技术、新装备运用引发的需求，新规章引发的需求等方面，进行常规性培训需求分析；从季节性问题引发的需求、应急处置问题引发的需求、高发性问题专项攻关引发的需求、关联性问题引发的需求等方面，进行专题性培训需求分析；从基本规章巩固引发的需求、强化劳动安全引发的需求、技术业务“短板”引发的需求、实作技能“缺腿”引发的需求等方面，进行基础性培训需求分析。

2. 路局层：由职教处和业务处，从站段的培训请求、系统的素质缺陷、设备的更新改进、路局的发展需要等方面来进行综合性培训需求分析。并通过实行“网格化”复工分区和实施“多元化”逐区分析，加强对需求分析的组织和规范，在科学规范的培训需求分析基础上，合理地选择培训项目、确定培训内容。

（二）按培训项目定位职责分工。根据培训项目的具体情况，主要实行三项管理。

1. 实施层级管理。纵向明确路局、站段、车间、班组、基地培训各个层面的管理职责，横向分别界定出路局层职教处及业务处、站段层职教科及车间班组、培训及实训基地的培训分工。初步形成“以职责分解为脉络，以培训项点为果实”的“职责落实树图”，使培训职责具体化。

2. 实行制度管理。建立起规范化的流程组织制度、标准化的培训考评制度、多元化的激励约束制度。

3. 实行标准管理。对各层级的培训项点，进行逐一逐级地分解细化、合理对接，明确规定出便于评判、易于操作的量化指标，使职责与重点工作项目的落实情况，有量化的实施遵循和评判依据。

（三）按项目和职责选择渠道载体。重新梳理修正培训体系，按照路局、站段、车间三个层级，合理划分培训任务。

将培训任务按资质培训、专题培训、晋升培训、师资培训、联动培训、强基培训等进行分类，分别由路局、站段、车间组织实施，形成纵向到底、横向到边、全面覆盖的培训体系。

不断优化拓展渠道载体，提供职培基地、实训基地、合作院校、基层站段、车间班组等多种培训渠道，分常规和单项两方面建立培训载体，供培训主体根据项目及职责合理设计和选择。

（四）按项目设计制定流程管理措施。按照“网络图”结构，针对具体培训项目建立管理“流程链条”，在每项培训实施前，都对相应流程逐个环节地细化管理措施，通过对各环节可能发生质量问题的预测，制订并植入相应控制预案，明确培训领导责任人、流程推进责任人和指导考核责任人，严格控制各个流程环节的工作质量，对人员、标准、措施、资源、结构等各要素出现的缺陷，及时妥善地予以调整和修正，确保流程健康推进。

（五）按流程管理规范推进培训组织。分别制定出站段、车间、班组、基地、院校培训流程管理标准，对培训组织重点环节实行内控、外控、远程控制相结合的综合控制，强化培训组织过程中的流程管理。主办部门实行兑流程、兑标准、兑措施的“内控”；上级主管部门采取设置流程、制定标准、指导把关、抽样检查、单项评估、综合评估等方式，以流程环节质量控制和效果控制为重点进行“外控”；职教处通过协议定标、环节把关、费用后付、停培退出等手段，对合作院校进行远程控制。通过综合的流程控制，对计划形成、方式选定、师资选配、课件审核、协议管理、结果认定等培训各环节，形成全过程、全方位的控制把关。

（六）按评估体系和激励约束机制评估效果、兑现正负激励。加强评估管理，明确评估范围，建立评估机制。根据360°评估数学模型，确定各方面加权平均分数，通过合理分权设重、科学分类制表、随机抽取样本、严格组织测评、精统计细分析，最终形成评估报告。将培训结果与收入和奖惩联挂，实行正负激励约束，促进培训责任落实。

（七）按培训发展需要推进师资、教辅、信息化等体系建设。加强师资队伍建设。通过公开课的形式，组织示范课和精品课评选，促进教学能力的提升。

组织深度教材开发。站段负责针对生产中的疑难问题，开发攻关性教材。基地负责结合运输生产的重点任务，开发专题性教材。路局负责根据全局的培训需求，开发综合性教材。形成科学的教材开发体系，保证教材满足教学需要、适合生产需求。

动态完善各级题库。站段每月根据培训考试需求，编制开发相关知识点的试题，纳入站段题库并随时更新维护。路局每季度对各站段编制开发的试题进行遴选，并进行新试题的编制开发，纳入路局题库并及时更新维护。

在局域网和互联网，分别建立职教网页，链接教材库、名师库、课件库、案例库、试题库、名课库，设立远程教学、互动交流等功能，实现资源共享。

合理进行资金投入。通过分别细化职教经费下拨、培训设施投入和兼课费支付等管理办法，综合考虑、合理投入。

第三节 "流程化"培训模式的实施原则

在实施"流程化"培训模式的过程中，要紧密联系企业和职工的实际，注意把握好以下 10 项实施原则。

一、安全主导培训

培训工作要突出企业各个时期和阶段的主要矛盾。当前，在以"安全第一"为主题的铁路生产管理阶段，培训工作要树立"为了安全、围绕安全、服务安全、安全检验"和"为安全把关，为安全解难"的"安全主导培训"的培训理念。

二、需求分析定培

运用科学的分析方法，从企业发展需要、生产现场变化、职工素质缺陷等多方面发掘和分析培训需求，有的放矢地组织针对性培训。

三、分类分层施培

依据岗位工作需要、个人技术业务的"短板"和运输生产的需求，选择合适的培训载体，分类、分层、分项地开展针对性的个性化培训。

四、突出实作技能

培训目标直接指向实作技能这一职工素质的最终表现，加大实训在培训中的比重，把技术精湛作为培训的现实追求和评价标准。

五、学习实践融合

既要重视集中脱产培训，更要重视日常生产性与岗位性培训，把课堂搬到车间班组，搬到生产现场，不断强化“在实践中学习，在学习中实践”的现场培训。

六、教材自主开发

突出培训内容的现实针对性，大力开发运用铁路和企业特色的针对性、实用性教材和案例，用铁路的书教铁路的人，用铁路的案警铁路的人，用身边的课讲身边的事，提高职工学习兴趣并使之产生共鸣。

七、推行流程管理

以各级各类“培训流程”主线贯穿和统领培训组织，用各“节点”的“质量标准”规范培训环节，用各环节控制机制措施保证培训质量，将流程管理植入培训全过程。

八、实施科学评估

不但要对培训项目过程的各个流程环节进行实时考评和阶段综合评估，还要对培训课程、培训项目、培训效果和职教部门进行360°评估，形成全方位的评估体系。

九、做强基础保障

合理定位基地分工，配齐各类实训设备，培强各类专业师资，完善“六库”建设，拓展信息化平台功能，加强职教经费保障，增强培训的软硬件实力。

十、注重特色实用

紧密围绕铁路实际、单位实际、现场问题、素质现状开展培训，充分体现铁路企业特色，并不断总结、提炼、借鉴、创新出实用管用的新的培训方法。

第四节 “流程化”培训模式的关键环节

启动和运行好“流程化”培训模式，必须要理解和把握好10个关键环节。

一、明晰职责与渠道

（一）明晰职责，做到按分工明职责，抓项目落职责。对职教处、各业务处、各职培基地、各实训基地、各基层单位、车间班组、路局函授站的培训职责具体化，并通过盯管理机制抓规范、盯师资能力抓骨干、盯设备设施抓保障、盯现场需求抓立项、盯流程控制抓质量等措施，确保职责落地生根。

（二）明晰渠道，做到针对不同渠道明确培训分工。局级培训渠道主要采取脱产形式组织培训，其中：职培基地主要负责高铁全专业理论培训、普铁主辅专业理论实作培训、经营管理法律心理等综合培训、师资培训（干部培训）、学历培训；实训基地以本系统实作培训为主、理论培训为辅；合作院校的各职业学院以普铁强项专业辅助培训为主，各交通大学以高铁和新技术辅助培训为主。站段层培训渠道主要采取半脱产形式，通过职教阵地、实训基地、现场模拟演练、车间班组背包教学、远程网络教学系统组织培训。车间班组培训渠道主要采取不脱产形式，通过交班点名会学考基本规章、结合实际作业演练基本技能、间休工余网络学练基础知识等途径组织培训。

二、掌握载体运行抓手

掌握常项培训载体和单项培训载体的运行抓手，根据培训需要灵活选用。

在常项培训载体中，"高技术、综合性"职培基地，按照"高普兼备、专业齐全"职培基地定位，主要培训载体为"四阶梯培训班"；普铁"专业性、基础性"职培基地的主要培训载体为"四元综合培训班"和"三元综合培训班"；站段的主要培训载体为"两类七性"针对培训；车间班组的主要培训载体为"两堂三基"基础培训。

在单项培训载体中，可灵活运用专题讲座、互动讨论、远程视频、案例回放、现场演示、模拟推演、技术比武、应急演练、双轨学练等多种形式。路局、基地、站段、车间、班组，可以根据单项培训内容和学员特点等实际需要，选择或创造适合的培训载体。

三、把准培训体系产品特质

要准确把握各种培训产品的特质，将培训体系细分为 6 类 17 项培训产品 (见图 1–4)，分别由路局、基地、站段、车间班组来组织实施，与培训需求细分相适应，增强培训的针对性。路局组织的培训，培训体系分为资质培训（资格性、适应性培训）、专题培训（应急性、安全性培训）、晋升培训（后备性、技师性、提高性、学历性培训）、师资培训（拓展性、深造性培训）、联动培训（管理性培训）共 5 类 11 项产品。站段组织的培训，培训体系分为资质培训（资格性、适应性培训）、专题培训（季节性、攻关性、关联性、应急性、安全性培训）2类7项产品。车间班组组织的培训，培训体系为强基培训（基础性、生产性、岗位性）1类共3项产品。

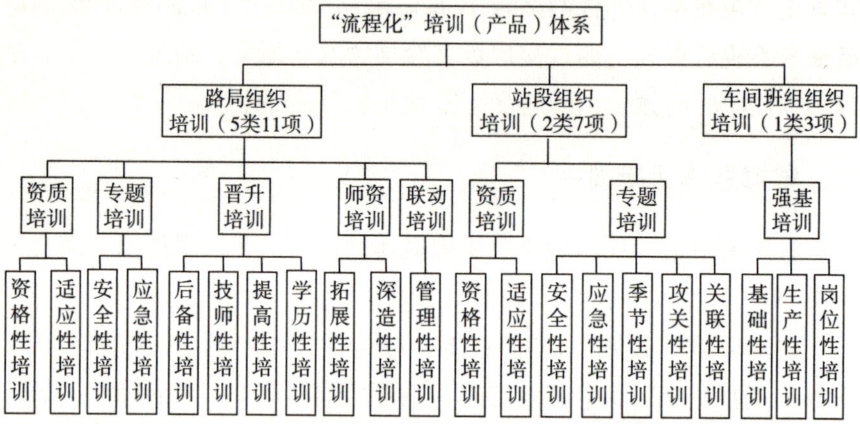

图 1-4 "流程化"培训（产品）体系结构图

四、吃透需求分析操作要领

要明确需求分析的地位。需求分析是职工培训的源头和根基，是培训质量的前提和保证，是培训管理的关键和难点，没有需求分析的培训是盲目的培训，没认真需求分析的培训是草率的培训，有认真需求分析的培训才有可能是有效培训。要找准需求分析的重心。培训需求来自现场，来自生产前沿，需求分析的主体是站段，触角在车间班组，路局负责指导、检查、监督与重大和共性需求分析。

五、抓住培训设计要件

要抓住培训计划管理、教学计划管理、课程设计管理、实作项目管理等培训设计要件，对培训进行精心设计，不断优化方案、提升质量。在培训计划管理上，路局、站段、基地要根据不同阶段需求分析，科学制订、调整及编发年度轮廓计划和月份操作计划。在教学计划的管理上，由培训实施部门按培训主办部门《指导书》编制教学计划，报主办部门审批后，指导制作课件、审批课件并组织实施。在课程设计管理上，要牢牢抓住学员细分、内容设计、教师选配、教材确定、教法设计、课件把关等关键环节，按流程科学组织。在实作项目管理上，要综合考虑实作比例设计、实作项目设计、实作资源配置、实作考核设计等各种因素，保证实作培训收到预期效果。

六、盯牢培训组织流程操作要点

首先，要按“流程图”管理培训项目。要建立流程链，按培训项目各环节操作项点（节点）串联成链；要植入标准，设计出各节点质量标准并植入相应“节点”；要预测问题，超前预测重要节点可能发生的质量问题，做出预案；要植入措施，将控制措施植入相关节点，防止问题发生；要分职落责，把职责措施分解到推进管理责任人、指导考核责任人和领导责任人；要流程推进，按职责、流程、标准、措施、评估推进培训流程。

其次，要用机制控制流程“环节质量”。要抓好流程推进管理，流程管理推进责任人按图推进、按标操作；要抓好流程节点指导，指导考核责任人对节点操作，进行指导推进纠偏；要抓好节点质量考评，指导考核责任人依质量标准，对全程节点考评；要抓好流程综合考评，领导责任人要在中间、结尾，实行阶段和结果考评；要抓好流程要素修正，三个责任人都要及时发现问题，并及时调整修正。

七、用足师资建设机制

充分利用师资建设机制，打造具备讲师、工程师、技师“三师”能力的职教队伍。要用足素质机制。通过职教干部上讲台制度，做到“人人能上课，每周都讲课，多元化评课”；通过职教干部准入退出机制，做好职教人员的资格鉴定和素质把关；通过专兼职教师轮换轮训机制，不断充实职教人员的综合素质。要用足教学机制。通过公开课观摩机制，促进教学质量提高；通过示范课评选机制，开展典型示范教学；通过精品课打造机制，不断丰富优质教学资源。

八、大力开发运用教辅资源

加强教材开发、课件开发、题库开发、教具开发、信息化建设等教辅资源的开发和运用，为提高教学质量创造条件。按照站段开发攻关性教材、基地开发专题性教材、路局开发综合性教材的分工，组织教材开发；采取教师自主性开发、基层专题性开发、路局系统性开发的方式，开展课件开发；通过对站段题库和路局题库的开发维护，抓好题库开发；以小型模型教具、仿真模拟操作模型、实物和剖件、实训设备为重点，进行教具开发；完善及开发职教网站和各种培训系统平台，强化信息化配套建设及应用。

九、常态熟用评估手段

通过对培训课程的360° 抽样评估、对培训项目"流程管理"的360° 评估、对学员培训效果的360° 跟踪抽样评估和对职教部门的360° 综合评估，分类抓好培训质量的考核评价工作。严格按流程组织评估，抓住合理分权设重、科学分类制表、随机抽取样本、严格组织测评、精统计细分析等关键环节，确保评估合理、准确。

十、善用经济杠杆激励约束

抓住职教经费、设备投资、委外约束、奖励惩处等敏感因素，充分运用各种激励杠杆，增强做好培训工作的吸引力和约束力。职教经费实行分块下拨，其中"基础经费"按年度和人头拨，"差别经费"按年度和技术含量拨，"奖优经费"按季度和绩效拨。设备投资按技术含量、管辖范围和分布集中度、利用率和效果分期拨付。兼课费按季分档核发，并实行工作量否决制。委外培训通过实行"保证金"制度、暂停或取消合作关系加大约束力度，并将培训效果与评先选优、惩罚处理相连挂，实现奖惩激励约束。

第二篇 “流程化”模式的培训管理体系

第二篇

“流程化”模式的培训管理体系

“流程化”培训模式的培训管理体系，是培训模式的基本管理框架。要清晰梳理“流程化”培训模式的基本管理脉络，构建科学合理的培训管理体系。

第四章 "流程化"模式的培训管理

要正确理解和准确掌握"流程化"培训模式的职责分工、培训渠道和培训载体，强化学分制管理和基础管理，细分路局、站段、车间各层级的培训种类，全面加强"流程化"模式的培训管理。

本章提要

- 职责分工
- 培训渠道
- 常项培训载体
- 单项培训载体
- 四项重点管理
- 学分制管理
- 基础管理

第一节 职责分工

各级职工教育培训管理组织相关部门（见图 2–1），要按照以下职责分工，履行好规定的各项职责。

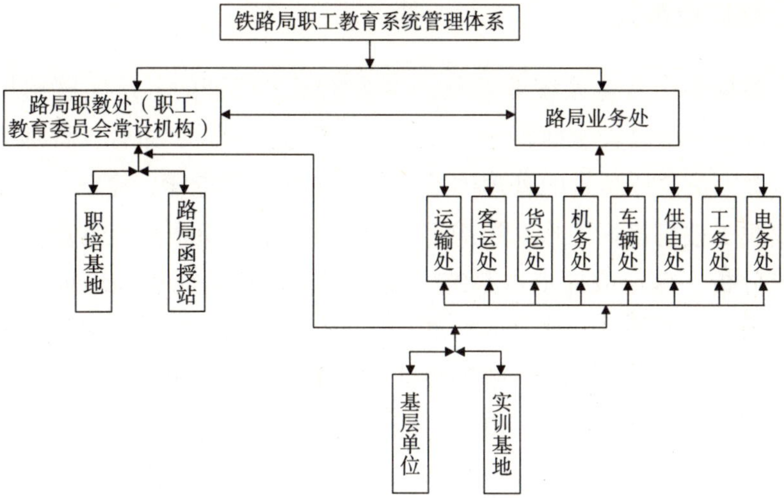

图 2-1 路局职工教育系统管理结构分布图

一、路局职教处

路局职工教育处（以下简称职教处）是全局职工教育培训的专业行政管理部门，是铁路局职工教育委员会的常设办事机构，负责全局职工教育培训工作的统筹规划、综合协调、组织管理和监督检查。负责全局职工教育培训政策、制度、规划、计划（包括军运培训计划）的制订和推进落实工作；负责全局职工教育经费的管理、下拨和重点项目的集中使用管理工作；负责全局培训管理的调查研究和体系调整完善工作；负责职工专业学历、资格性、主要适应性培训等重要培训的组织工作；负责职工委外培训的组织协调及管理工作；负责职工培训教材、课件及题库开发组织工作；负责全局专兼职教师队伍建设工作；负责组织职工培训教育质量评估工作；负责培训基地、实训基地建设规划和教学设备设施投入组织工作；负责网络培训系统和职教网站等培训信息化建设和管理工作。

二、路局业务处

路局各个专业系统业务处是本系统职工培训的系统实施组织部门，应建立由处长全面领导、分管副处长直接领导、主管工程师等具体负责人员具体负责的管理体系。各业务处负责指导、检查、督促本系统职工教育培训工作，组织重点项目培训；组织本系统重点培训的需求分析，审定或提出本系统主要生产人员培训需求和培训计划建议，确定培训要求和达到的标准；确定本系统各专业主要岗位理论和实作培训内容；参与组织相关教材、课件和题库的开发、审定；会同路局职工教育处对本系统组织的培训工作，进行检查指导和质量评估验收。

三、职培基地

职工培训基地（以下简称职培基地）是路局组织重点项目培训的具体承办部门，是一些站段难以独立组织的重要站段级培训的协作部门，是路局专兼职师资的主题培训部门，是路局培训信息化建设，教材、课件、题库、教具等研发和培训管理，经营管理研究的骨干力量。各个职培基地负责按照路局有关规定和职教处的要求加强基地自身建设，提高培训能力；负责按照职教处的安排，高质量完成各类各项职工培训和相关辅助学历教育任务；按分工负责全局职教系统专兼职师资的培训任务；按分工负责干培与职培的联动培训以及部分干部培训的后勤保障和辅助培训任务；负责全局性职工培训相关资源的研究开发和运行管理工作；负责相关的路局职工培训、经营管理等课题的科研任务。

四、实训基地

实训基地是各系统重点实作培训和部分辅助理论培训的承办部门，是大型实物教具的研发、制作的骨干力量。各系统实训基地负责承担本系统各级各类实作培训任务；负责本系统部分理论培训的辅助培训任务；负责本系统专业培训实物教具的开发制作任务；负责部分路局安排的其他培训任务；负责本系统大型实物教具的研发和制作任务；负责帮助所挂靠站段的培训提供必要条件。

五、基层单位

各运输站段、运输辅助单位、非运输企业和其他局属单位，是本单位职工教育培训的责任主体。负责路局职工教育培训方针政策制度要求措施在本单位的贯彻落实；负责本单位职工教育培训的各项管理工作；负责建立管理和组织运行车间、班组培训的各项工作；负责本单位各项培训的组织实施工作；负责本单位各类培训阵地、培训管理人员、师资、教材、课件、教具等培训资源建设与管理工作。

六、路局函授站

路局函授站是全局干部职工在职中专、大专、本科、研究生专业学历教育的组织协调部门。函授站负责路局各项职工学历教育方针政策制度措施的贯彻落实；负责与各院校合作进行学历教育的教学管理和协调推进；负责全局各项职工学历教育的组织管理实施。

第二节　培训渠道

对铁路局目前既有的职培基地、实训基地、合作院校、基层单位和车间班组等各级各类培训资源，进行培训渠道的细化分类，本着“做全做强龙头渠道、做专做精专业渠道、做实做硬基础渠道、做优做紧合作渠道”的原则，形成专业全面、分工明确、重点突出、优势互补、覆盖全员的多元性职工培训渠道。

一、职培基地

路局组织的重点培训主要在各职培基地进行。"高技术、综合性"职培基地，主要承担各专业高铁（客运专线）培训、分工专业（机务、车辆、供电、大机）普铁培训、特殊工种培训、房建培训、经营管理培训、师资培训、高技能人才培训、学历教育辅助培训、法律心理礼仪教法等综合培训等9种培训任务，辅助承担非分工专业的普铁培训任务。"专业性（客运、货运、运输）、基础性"职培基地，主要承担客运、货运、运输系统的普铁专业培训任务，辅助承担其他相关培训任务。"专业性（工务、电务）、基础性"职培基地，主要承担工务、电务（信号、通信）系统的普铁专业培训任务，辅助承担其他相关培训任务。

二、实训基地

路局各系统的实训基地，主要承担本系统各职名实作技能培训任务，辅助承担相关理论等业务培训任务。

三、合作院校

路局根据培训任务实际，以及合作院校特色能力与合作协议，选择性派送部分培训班、学历班到相关合作院校培训。

四、基层单位

全局各基层单位，主要承担本单位职责范围内的各项培训任务，辅助承担受路局委托的部分培训任务。

五、车间班组

在运输站段（基层单位）的组织领导下，车间、班组主要承担结合运输生产作业实际的基础性、生产性、岗位性的岗位应知应会、基本规章制度、作业标准化和基本作业技能等基本功常规日常性培训任务。

第三节　常项培训载体

根据具体培训项目的需要，不同的培训渠道，应该按照路局规定的常项培训载体结构（见图 2-2）组织培训，满足相关职工培训的需要。

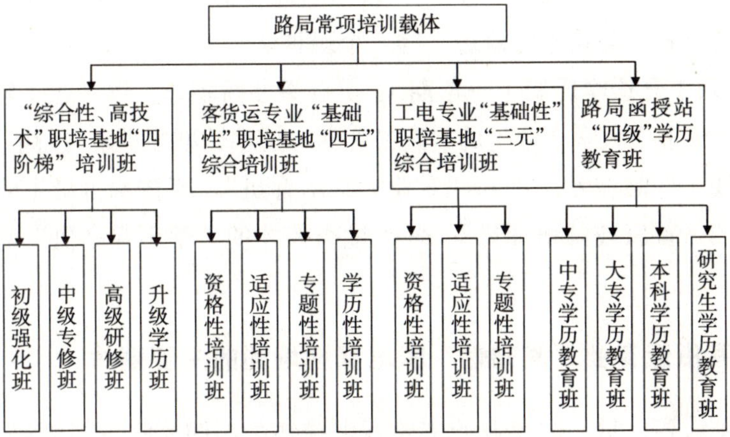

图 2-2　路局常项培训载体结构图

一、“高技术、综合性”职培基地培训的主要载体

“高技术、综合性”职培基地，按照“高普兼备、专业齐全”职培基地定位，主要培训载体为“四阶梯培训班”。

（一）初级强化班（一月期）。重点举办“四新知识”运用的“骨干培训班”、主要行车工种新职班组长的“班组长培训班”、各系统主要行车工种的“班组长轮训班”、拟职鉴高级技师和技师的“技师培训班”、各种行车重点项目的“专题强化培训班”、各单位专兼职教师的“教师专题研修班”等 6 个班种。

（二）中级专修班（三月期）。重点举办高铁（客运专线）和普铁各主要行车工种新职人员的"资格性培训班"、高技术含量工种技师和技术骨干的"专题技术攻关班"、一线骨干班组长的"优秀班组长提高班"、有发展潜力优秀工人的"综合素质培训班"、班组技术员技能强化班、主体专业大学毕业生的"管理与技术强化班"培训等6个班种。

（三）高级研修班（半年期）。重点举办既有非主体专业（转型难度较小专业）大学毕业生的"铁路管理与技术转型培训班"、局级大赛第一名和部级竞赛前三名的"技术状元专修班"、行车一线模范班组长的"管理与技术专修班"等3个班种。

（四）升级学历班（一年期）。重点举办新职非主体专业（转型难度较大专业）大学毕业生的"铁路管理与技术转型培训班"、高铁（客运专线）等高技术工种的"专业大师培育班"、高技术含量主要行车工种的"首席技师培训班"、各类优秀人才的"学历提高班"等4个班种。

二、客货运专业"基础性"职培基地培训的主要载体

普铁客、货、运专业的主要培训载体为"四元综合培训班"，具体是"资格性培训班、适应性培训班、专题性培训班、学历性培训班（借助相关院校资源）"。

三、工电专业"基础性"职培基地培训的主要载体

普铁工、电专业主要培训载体为"三元综合培训班"，具体是"资格性培训班、适应性培训班、专题性培训班"。

四、路局函授远程教育

路局函授站以"分散自学、远程辅导、阶段面授、集中考试"的方式，组织中专、大专、本科、研究生的四级学历教育班。

五、站段培训的主要载体

站段的常项培训载体结构（见图 2–3）为“两类七性”的针对培训。具体是资质培训类中的资格性培训、适应性培训，专题培训类中的季节性培训、攻关性培训、关联性培训、应急性培训、安全性培训。

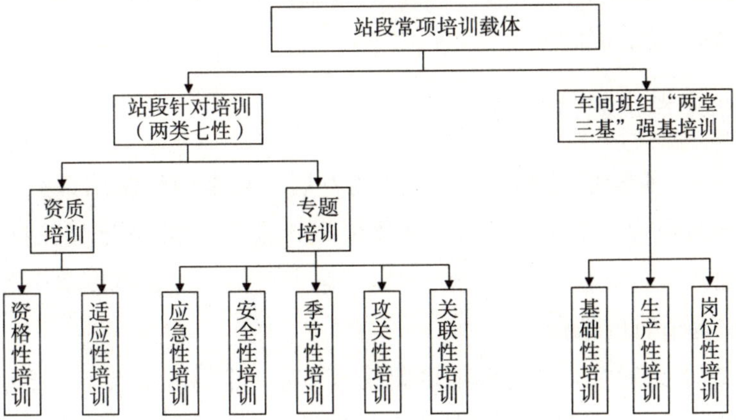

图 2–3　站段常项培训载体结构图

六、车间班组培训的主要载体

车间班组的主要培训载体为“两堂三基”的强基培训。

（一）车间按站段的计划安排，集中组织短期脱产、半脱产和不脱产的专题培训等基础性强基培训。

（二）车间利用每班的交班会和生产实际作业，针对本班实际作业中的重点难点“技术业务要领”，运用“车间讲堂”组织开展“每班讲一规、强一标，每班攻一难、破一关”的生产性强基培训。

（三）班组利用每班的点名会和生产实际作业，结合本班的实际作业项目，运用“班组学堂”组织开展“每班学一题、考一人，每班练一项、教一招，每班说一案、防一事”的岗位性强基培训。

第四节　单项培训载体

单项培训载体主要是指在培训过程中采取的具体方法。在具体培训中，应根据培训项目的实际需要，选择适宜的单向培训载体，增强项目培训的实际效果。

一、单项培训载体的特点

（一）多样性。随着科学技术的发展，在常用传统培训载体越来越完善的同时，现代的新培训载体也不断涌现。培训组织部门在选择培训载体时，要综合考虑培训方案、培训范围、经费额度等因素，多元化选择适宜的培训载体。

（二）针对性。任何单项培训载体都有一定的侧重点，鉴于培训对象、培训目标、培训内容和培训时间的不同，决定了培训载体的不同。

（三）灵活性。单项培训载体的选择并不是固定不变的，培训组织部门应该因地制宜、量体裁衣。可以根据特定的需求灵活选用不同的培训载体，可以对某个培训载体做出适当调整创新，也可以选用多种单项培训载体形成培训载体组合，达到更好的培训效果。

二、单项培训载体的种类

单项培训载体有许多种，路局、基地、站段、车间、班组，可根据单项培训项目内容和学员特点的实际需要择优选择，并可以自主创造灵活多样的培训载体，增强培训效果。

（一）专题讲座

依据专题培训的实际需要，聘请相关方面的理论或实践经验丰富的“专家”，运用远程视频和多媒体演示，开展围绕单项重点专题的一次性或系列性“专题讲座”。

1. 要点解读：专题讲座可以同时向众多学员进行授课，培训效率高，易于组织实施，节约培训资源。可以在相对较短的时间内概括介绍某一主题，讲授的知识比较全面，有利于学员系统地接受，可以强调需要注意的重点，并可以邀请专业擅长人员讲授，对培训环境、培训设施等硬件条件要求不高。实施时要根据培训要求，因地制宜，做好培训前的准备工作。培训教师要认真编制授课教案，以便更好地控制教学过程。要运用讲解、演示、互动等多种授课方法和技巧，激励并保持学员的学习兴趣，避免照本宣科。

2. 操作提示：一要注意课程准备的全面性，培训教师备课不但要准备授课内容，还要了解学员的素质状况，明确授课过程中需要解决的重点问题，预想培训对象可能提出的疑问，保证教学过程顺利实施。二要注重师生间的互动，调动学员的学习兴趣，活跃课堂气氛，防止“满堂灌”。三要加强对培训效果的跟踪指导，尤其对个别接受能力差的学员，及时跟进指导，以期获得良好的培训效果。

3. 实战运用：某机务段根据 LKJ 模式新增功能的变化，聘请监控专业工程师，利用机车乘务员学习大会时机，对相关管理人员、运用车间干部和全体乘务员进行专题讲座。讲解内容为 LKJ 新增的“司机进站确认警惕功能”和“司机周期警惕功能”。讲解重点有四项：一是警惕功能的启动条件、控制方式、终止条件等；二是警惕功能实施制动控制后的解锁方法；三是警惕按钮故障后如何使用其他办法消除警惕报警；四是使用便携式 LKJ 测试仪对新增警惕功能的各项内容逐一进行演示教学。演示后请部分学员上讲台亲手操作，由授课人进行指导，最后对本次专题讲座需要掌握的知识进行梳理总结。在此专题讲座中，授课人抓住了课前充分准备、课中系统讲解、学员动手操作、课后要点归纳四个环节，精心准备，按需施教，讲授的虽是专业知识但不枯燥，师生互动不再沉闷，达到了培训的预期目标。

（二）互动讨论

在专项培训班理论教学中，围绕理论教学中的具体重点难点问题，组织开展“学员—教师—学员”循环模式的“互动讨论”，交流感悟、借鉴经验，消化重点、破解难点。在专项实作培训中，围绕实作教学中的关键技术要领，现场组织开展“轮流操作演示＋讲解交流点评”模式的“互动讨论”，交流技艺，互促提高。在实际生产作业的“班前预想”和“班后总结”中，组织针对即将面临的作业难题或已经发生的作业问题，深入开展实战型“互动讨论”，在优化方案和吸取教训中，普遍增强了处置疑难问题的能力。

1．要点解读：专项理论培训互动讨论有助于学员对课堂知识和书本知识的深入理解，打破个人思路的局限性，增强所获知识的深度和广度。专项实作培训互动讨论有助于学员将理论知识转化为实战经验，增强解决实际问题的能力。实际生产作业中的互动讨论有助于活跃职工思维，集思广益找到解决问题的最佳方案。

2．操作提示：一要优选课题。要结合实际选择热点、难点和共性问题作为讨论课题，并提前通知学员，要求参培前结合现场工作实际和自身工作经验，认真思考和准备，提出自己的意见和方案，以便在培训中进行交流。二要配强教师。组织互动讨论要求教师要具备较强的专业知识、丰富的教学经验及现场工作经历。三要掌握进程。在互动交流中把握时间、突出重点，控制并驾驭好讨论进程，使互动讨论按预先设定的目标进行。四要把握要点。要防止跑题，防止先入为主，防止急于确定答案，对于涉及规章、制度、管理权限才能决定的，必须沟通核实后再确定答案。

3．实战运用：某铁路局在举办工务系统高技能人才培训班过程中，针对工务线路因水平三角坑、曲线不平顺、尖轨不密贴等引起晃车等线路养护中的“疑难杂症”，专门组织进行了研讨，请参加培训的一线专家进行“会诊”。经过两天的讨论，不仅找到了好的解决办法，也活跃了培训班的学习气氛，得到了业务部门的肯定，一些讨论成果被推广应用于生产实践。在这次互动讨论中，不仅增强了新知识的输入，而且通过研讨、总结、提炼，促进了“绝活”、“绝技”的输出，集合个人智慧为大家所共享。

（三）远程视频

充分利用“远程视频平台”和各方面专家资源，在路局与站段、基地与站段、站段与异地车间、站段与站段、基地与基地、院校与基地和站段之间，开展远程视频专题培训，甚至开展互动交流，促进培训资源共享。

1. 要点解读：远程视频培训载体具有跨地域性、可视性、沟通多向性、及时同步性等特点，通过计算机、互联网、局域网等现代化传播工具，为学员提供内容丰富、形式多样的学习条件，具备灵活性、实用性以及降低培训成本、满足个性化需求等优势。

2. 操作提示：一要开发公共和个性化的学习资源，满足不同工种、不同等级学员的需求。二要对设备设施进行管理，及时进行更新和维护。三要制定使用制度，确保安全性和规范性。

3. 实战运用：某车务段根据点多线长、职工培训难组织的实际情况，利用局域网为各站职工开设网络在线课堂，充分考虑沿线职工的班制，在规定学习时间内安排胜任人员授课，为职工学习提供了方便，打破了制约沿线站点职工参加学习难的“瓶颈”，增强了学习效果。

（四）案例回放

在课堂理论培训中，通过相关案例的回放与解析，增强对理论知识的理解消化。在现场实作培训中，通过相关案例的模拟回放演示，直观解剖错误操作环节，正反对比，加深烙印。

1. 要点解读：案例回放用曾经发生的正反两个事例进行教学，学习正面的成功经验，吸取负面的失败教训，内容生动具体，职工参与性强，在案例的回放过程中使职工分析问题、解决问题的能力得到锻炼，促进职工掌握标准的操作程序、正确的处理方法和相应的防范措施，从对事实的感悟中提高自身业务素质。

2. 操作提示：一要根据教学目的适当选择案例，既要注意特殊性，又要注意普遍性。二要全面客观剖析案例，增强说服力。三要结合相关规章制度分析案例，分析发生原因，总结正确方法。四要注意隐去负面案例的单位、姓名，避免引起消极反应。

3. 实战运用：某机务段职教科为使职工培训更加贴近现场实际，以"警示、培训、提高"为目的，将局内另一机务段救援过程中发生的调车冲突事故，制成多媒体课件组织职工观看，并按照概况、原因、教训、应急处理办法、防范措施等环节进行回顾和讨论，既真实传达了事故相关要素，又把应汲取的教训由简单的说教变为身临其境般的体现，增强了培训的直观性和针对性。

（五）现场演示

在新职人员和技术薄弱人员的培训中，采取直观现场演示、实作演练的方式进行实作技能训练，有效增强实际操作能力。

1. 要点解读：由培训教师利用实训设备，或在确保安全的前提下，把课堂搬到现场。通过组织学员观摩作业示范，增强对操作技能、作业标准及故障处置的方式方法的学习。通过组织学员亲自动手演练，提高实作技能水平。这样的培训直观、易学、现场感强，培训效果明显。

2. 操作提示：一要准确掌握培训需求，根据职工素质暴露出的"短板"有针对性地安排演示项目。二要把演示、提问、指导和组织学员实际操作结合起来，着重考察职工对知识的理解和对设备设施的动手操作能力。三要做好演示全过程的组织工作，制定好安全防范措施。

3. 实战运用：某工务段为了使职工掌握数字化轨道检查仪的使用方法和操作要领，对线路车间的轨道检查仪操作人员通过现场演示的方式进行实作培训。先由培训教师讲解轨道检查仪的功能、操作要领和安全注意事项，之后由技术专职人员进行使用演示。经过提问确认学员已基本掌握操作要点后，组织学员进行操作演练，并对不规范环节逐个进行指导，增强了培训的针对性、直观性和教与练结合的一致性。

（六）模拟推演

在复杂项目作业培训中，以及复杂项目作业（如大型施工、非正常作业）前的生产交班与技术交底中，运用多媒体系统，采取模拟或实际特定情景，按照生产作业流程，逐一环节地预想、预设问题，逐问题研究比选解决措施，逐项科学排摆人员、设备、材料的方式，对整个作业各个流程环节进行全过程“模拟推演”培训，有助于相对直观地增强对作业的整体感、流程规律以及提高潜在和突发问题、应急处置、资源配置等综合与复杂事项的全面处理能力。

1. 要点解读：模拟推演在对复杂项目的全过程情景模拟中，组织学员全面统筹工作性质、工作条件和具体要求，充分考虑可利用资源、生产限制条件等，使学员熟悉工作、了解程序、发现问题、解决问题，得到从事复杂工作的经历和体验，学习和提高相关的知识、技能，养成正确、高效的作业习惯和作业程序。

2. 操作提示：一要综合考虑职务、组织能力、技能水平等因素，选好胜任推演组织人员。二要在推演过程中大量使用多媒体技术，增强场景真实性。三要在推演同时讲清作业现场的实际情况，了解人为推演与现场实际的差距，以便在实际工作中加以注意。

3. 实战运用：某工务机械段在某线大型施工过程中，为将施工方案摆“透”，反复组织对复杂施工项目进行模拟推演。每日施工前，都在“流程推演”中详细预想人身、设备、设施防护的隐患，针对问题，在现场平面图上把防护员合理“摆点布岗”，“编号管理”，明确防护站位、防护区域、防护对象、防护项点、防护措施，界定结合部位，明晰联控责任。并按流程网络图展开“控制链”，将单项作业流程逐级分解，对每道工序环节的质量要求、安全措施、完成时限、责任分工与作业配合等讲细标准、落实到人，实现对复杂施工流程控制的精细化。将施工“关口”前移，消除了实际作业中的潜在隐患。

（七）技术比武

定期以全面或单项的职工岗位技能竞赛，开展岗位练兵、技术比武活动组织培训，有利于调动职工学技练功的积极性，有利于带动日常实作能力的自主训练，有利于全面提高职工的技术业务能力。

1. 要点解读：技术比武竞技性强，并能真实地反映出职工的实际技能水平。可根据年度培训计划和生产过程中暴露出来的普遍性、倾向性、关键性问题，紧密联系生产和职工素质实际，采取全面或单项的形式，定期或不定期组织开展，通过互相竞技查找差距、共享先进做法。

2. 操作提示：一要精心组织，营造公正、规范而又轻松活泼的竞赛氛围。二要细致安排，结合生产情况妥善摆布好竞赛日程。三要表彰奖励，通过鼓励先进带动后进，形成学、练、比、帮、超的热潮。

3. 实战运用：某车辆段为促进职工技术素质的提高，按照全员参与、逐级选拔、提升标准、规范规则、制度管理、讲求实效的原则，制定段年赛、车间季赛、班组月赛的常态化竞赛机制，融合职工资格性、适应性、日常性培训，以赛代培，以练促学，培养了大批的高技能人才。

（八）应急演练

根据生产需要，研发各行车主要专业、重点行车环节、各种影响因素场景下的系列"非正常应急演练模型"，定期和经常性地组织特定条件下的"单工种单项目"或"多工种综合项目联动"的应急演练，增强一线职工应急处置能力。

1. 要点解读：应急演练根据生产中反映出来的突出问题，结合问题的影响重要度和时间紧迫性，集中优势培训资源，开展针对性的演练培训，提高职工对突发情况的处理能力，达到化解风险、保证安全生产顺利进行的目的。

2. 操作提示：一要详细了解和掌握生产中的突出问题，作为开展应急演练的依据。二要通过演练找准职工素质存在的缺陷。三要在演练过程中集讲授、讨论、实作为一体，增强培训效果。

3. 实战运用：某机务段新配属大量新型"和谐"机车，在运行到长大上坡道时，因乘务员操作不当，多次发生坡停后无法起车。为此，职教科组织专业教师和指导司机成立素质攻关组，专门针对坡道操纵及坡停后处理措施开展应急演练，经过一个月“对症下药”式的培训，针对性地解决了困扰行车安全的难题。

（九）双轨学练

理论与实作项目交叉进行的培训，尤其是对新职人员和技术薄弱人员，采取逐项交叉进行“理论讲解”与对应“实作训练”的方式，进行“双轨制”培训，有利于防止理论与实作脱节，促进知识向能力的转化。

1. 要点解读：双轨学练将理论学习与实作训练有机结合、交替进行，一方面把抽象的理论放到生产的实际中去反复消化理解，另一方面将在生产实践中遇到的疑问带回到理论课堂上研究，双向促进职工综合素质的提升。

2. 操作提示：一要合理设计内容，保证理论学习与实作项目相互匹配。二要把握交互时机，掌控好理论与实作之间往复的过程。三要加强培训指导，对学员在交互学练过程中提出的问题及时给予解答。

3. 实战运用：某机务段因机车乘务员缺员，在全局范围内招聘学习司机，由于新职学习司机来自不同单位，对乘务工作比较陌生、入位困难。为了缩短培训过程，尽快投入使用，职教科采取了双轨学练的方式，把学习司机应掌握的标准化作业、机车检查等内容，分别设计出理论课时和实作课时，使学员在学中练、练中学，促进素质循环提升，迅速达到岗位要求并上岗作业，解决了关键岗位缺员的燃眉之急。

三、单项培训载体的选用

（一）选择原则

培训载体的选用对于培训过程至关重要，它直接关系到培训工作的成败，因为不同的培训载体具有不同的特点，所以其应用范围也各不相同。在选用单项培训载体时，要把握以下五个原则。

1. 目标导向原则。在选择培训载体时，要把培训目标放在第一位，根据培训目标需要，选择一种或几种最有利的培训载体，再考虑成本、场地、人员等影响因素，做出最佳选择，最大限度地保证培训成果的转化。

2. 方法为内容服务原则。不同的培训载体在培训过程中取得的效果不同，必须根据培训内容的需要有针对性地选择更有效的培训载体，全面考虑不同培训载体的优缺点、适用范围和效果等因素，选择不同的培训载体或一组最佳的方法组合。

3. 因材施教原则。在培训需求分析的基础上，根据培训对象的素质情况和不同特点，选择适用的培训载体。

4. 经济性原则。充分了解培训经费的支持情况，根据经费预算成本额度，综合考虑培训载体的选择。

5. 可操作性原则。培训载体必须有可操作性，不能一味追求最新的培训载体，要考虑所选培训载体在现有情况下是否可行，能否奏效，再根据实际情况进行选择。

（二）注意事项

培训载体的选用受多方面因素的影响，在选用培训载体时，要考虑以下五个要素。

1. 培训时间。各种培训载体所需要的实施时间有很大的弹性，选择培训载体时要充分合理地考虑培训周期的长短。

2. 培训经费。培训费用不仅包括讲课费、教具等方面的支出，还包括学员参加培训而减少的收入，选择培训载体时要充分考虑单位及学员的承受能力。

3. 培训对象。培训对象的职务、学历、可离岗时限等因素，都会对培训载体的选择产生影响。在组织培训之前，应对培训对象的情况先有一个清晰的了解，在确定培训需求的基础上做出恰当的选择。

4. 培训条件。有的培训载体需要相关科技、技术工具或教学设施的支持，选用这种培训载体时要考虑培训条件是否符合要求。

5. 培训师资。教师的水平直接关系到培训载体的效果好坏，选择培训载体时，要考虑授课教师是否有能力掌控、引导整个培训过程，以便充分调动起培训对象的学习积极性和提高参与度。

第五节　四项重点管理

在培训各项管理工作中，要做到突出重点，认真抓好四项重点管理。

一、培训的“问题管理”

运输安全上发生的问题，必须分析需求、组织培训。设备质量上发生问题，也必须分析需求、组织培训。本单位或在吸取外部相关单位的教训中，发生与职工素质有关的问题，同样要分析需求、组织培训。

二、培训的“边缘管理”

对本单位以外专业的岗位人员，必须持续组织该专业的规范性培训。对与本单位密切关联的其他系统专业的业务，必须及时组织有关人员进行关联性培训。对本单位非主要工种的“小众”群体技术岗位人员，必须经常组织全员性培训。对所监管路外企业的本专业人员，必须定期指令性监督其按规定进行培训。

三、培训的“应变管理”

凡行车技术发生重要变化，必须分析需求、组织培训；凡行车设备发生重要变化，必须分析需求、组织培训；凡规章制度发生重要变化，必须分析需求、组织培训；凡主要行车工种人员发生调整变化，必须分析需求、组织培训；凡生产主要条件发生重要变化，必须分析需求、组织培训。

四、培训的"流程管理"

要按"流程化管理"规范，组织单项培训班；要按"流程"体系和标准要求，组织"车间讲堂"和"班组学堂"；要借鉴"流程化管理"原理，组织自学和远程学考；要自主建立系列"流程化管理"机制，全面规范和提升职教培训工作。

第六节　学分制管理

学分制管理是以学员选课为前提和基础，通过学分计算衡量学员学习能力和学习状况，给学员提供相对自主、宽松的学习时间和空间，有利于体现"以人为本、学员为主"的现代教育理念，是更为先进的教学管理制度。

一、学分制管理的提出

在日益激烈的竞争中，企业越来越意识到职工队伍建设对于企业改革发展的重要性和紧迫性，职工培训作为提高企业整体素质的重要途径，也越来越受到企业的重视，成为企业的重点工作之一。

传统的培训管理在提高职工素质和能力方面虽然发挥了较大作用，但同时也存在诸多弊端：由于生产任务影响，造成工学矛盾突出；由于岗位性质原因，很多职工没有参加培训的机会，造成学习机会失衡；由于集中的大规模培训政策性、指令性强，不能全面考虑到学员的兴趣、需要等个性特点，造成职工学习积极性缺乏；由于缺乏配套的检查、督促、考核和奖惩制度，培与不培一个样，学好与没学好一个样，造成培训约束力不足。

真正有效的职工培训应该紧密结合企业人力资源发展战略的需求和职工个人发展的需求，针对职工的知识技能缺陷和学习特点，设计直接面对培训对象的课程，以达到企业和职工双赢的目的。学分制针对传统教育管理模式机械僵化的问题，适应学员个体差异实施自学和培训，有效解决了传统培训管理存在的弊端。

二、学分制管理的特点

通常来讲，大学课程的课程设计中的学分制，具有"修业年限的弹性、课程的自选性、修读课程的自控性"等特点。学分制管理应用到企业培训管理中，则具有以下四个主要特点。

（一）选课个性化。即职工能够根据自己的兴趣、爱好和个人发展需求来选择课程，避免了以往硬性培训"赶鸭子上架"的现象，使培训更具有个体性、针对性和实用性。

（二）学制弹性化。职工能够根据企业工作部署和个人工作的轻重缓急，自主选择学习时间和培训期次，尽量避免学习与工作出现矛盾，做到学习工作两不误、两促进。

（三）学习自主化。通过将学习与奖惩挂钩，能够激发职工的学习积极性和主动性，变"要我学"为"我要学"，有利于增强培训效果。

（四）学费双轨化。企业按照职工教育培训经费的提取比例和数额，合理确定直接培训的人均费用。同时，根据不同专业和岗位技术含量与培训需求的不同等级，科学确定不同专业、不同岗位直接培训费用的人均标准。在此基础上，分别按照合理的比例，将不同专业、不同岗位职工培训经费，划分为集中组织培训的经费和自主选择培训的经费。集中组织培训的经费，由培训管理部门统一使用、集中管理；自主选择培训的经费，划入每名职工的个人培训经费账户，由职工本人根据自身培训的需要，在自主选择的培训项目中，支付相关的培训费用。

三、学分制管理的原则

（一）学用一致原则。与职工岗位紧密结合，增强教育培训内容的针对性和实用性。

（二）因人施教原则。根据职工的知识结构、实际技能、岗位和个人发展意愿开展教育培训，方式方法要适合个人的学习能力。

（三）讲求实效原则。通过制订严密的计划和采用先进的方法，保证职工教育培训的效果和质量。

（四）兼顾发展原则。企业发展的人才需求与个人职业生涯发展需求相结合，使个人的成长目标与企业的发展目标统一起来，增强提升素质的内动力。

（五）激励约束原则。通过实行严格联挂考核，逐步实现教育培训与职工晋升、调整和奖惩的有机结合。

四、学分制管理的操作

（一）按照人员分类制定学分标准。统一制定"职工培训学分标准"，对专业技术人员、中高层管理人员、一般管理人员、生产操作人员和服务人员等各类人员，分别制定出本岗位任职资格的培训学分值和年度各类培训学分值。并根据两方面的学分值，合理设置必修项目、选修项目的比例，明确单项培训项目学分数和综合培训中各科目的项目学分数。职工通过集中培训和自学两种途径取得学分，并计入本人"岗位资格证书"和"职工培训档案"。集中培训包括参加课堂学习、专题辅导、实作演练等形式；自学包括参加远程培训和登录"在线培训考试系统"、"互动教学考评系统"、"应急处置模拟推演系统"和"主要行车设备模拟检修系统"测试等，给职工自由发展的学习空间，方便职工在指导计划下自主学习。

（二）根据岗位需要确立培训项目。按照职工类别设置培训项目，并按重要程度分为必修和选修内容。必修项目是指职工在规定期限内必须完成的培训内容，选修项目是在多项培训内容中，可根据个人兴趣和需要进行选择的培训内容。不同岗位的人员，都必须按照本岗位任职资格要求和年度适应性培训要求，对应完成规定必修项目和选修项目的培训内容。

（三）运用学分结果兑现考核奖惩。学分运用是实行学分制管理的重要保证，要严格运用学分制培训考核“杠杆”，将学分在规定期限内与职工的职务晋升、岗位调整和日常奖惩紧密联挂。将学分作为对职工考核奖励和年度评先选优的一个重要指标，日常根据学分表现及时兑现考核及奖励；作为职工岗位调整的重要依据，考核时达不到本岗位最低学分要求则下调岗位；作为晋职晋级的必要条件，职务提升必须符合上一岗位的学分标准要求。

五、学分制管理的要求

（一）把握关键环节。学分制是一项对职工队伍建设具有保障性和推动性的制度，在推行过程中要注意把握方案论证、分值确定、考核联挂、设施配置等关键环节，确保学分制管理顺利实施。

（二）加强科学指导。要加强学分制管理的指导，要制订出符合实际、可操作性强的培训计划，指导职工按本岗位学习标准，结合自己的兴趣、能力和专业需要合理选择，防止出现盲目选课和“凑学分”现象。

（三）健全配套制度。要按学分制的要求形成学分制培训管理制度，促进培训管理的规范化、科学化、程序化和现代化。结合单位实际出台“培训学分制管理办法”，设计出培训内容、课程设置、培训实施、培训考核、学分计算、培训奖励等实施细则，方便职工培训的实务操作，保证其可行性和规范性。

（四）提供培训保障。要加强培训硬件设施建设，加大教室、投影仪、语音视频等设备投入，保证实训设备、图书资料的数量，提升网络教学、远程教学的能力，不断改善教学条件，为实施“学分制”

管理创造良好的外部环境。

（五）持续改进提高。在实施学分制管理过程中，要善于把握企业成长的关键性节点，瞄准"短板"，多听取反馈意见，多关注焦点问题，拟订可行的改进方案，不断提升企业学分制管理的水平。

第七节　基础管理

从设施设备、经费投入、技术平台和资料管理入手，加强培训的基础管理，为"流程化"培训模式的实施提供保障。

一、设施设备

（一）职培基地及实训基地。按照与运输生产紧密结合、同步现场、满足需要并适度超前的原则，整合培训资源，建立功能齐全、设备先进、布局合理、培训能力强的培训基地。并不断改善基础设施，配备相关设备，满足职工培训的物质需求。

基础设施：各系统职工培训基地按照建设指导标准，建立并完善各项培训基础设施。其中：教室每间按不少于40人设计，总容量不低于本系统职工总数的1.5%；网络教室不少于两间，总机位不少于80台，并与路局职教网络资源对接；宿舍按标准间建设并考虑培训规模人数设置；食堂满足学员和员工就餐需求。

实训设施：根据各系统职工实训特点，按一个40人标准班教学的需要建立实训教室，建设设施齐全的演练场，配备仿真模拟培训装置，开发计算机培训软件，建立模型室和教具室。

（二）基层站段。站段要设立规模适宜的职工培训阵地，满足理论教学场所和实作教学设备的需要。

教学场所：加强培训教室、电化教室、微机室建设，保证培训能力。并根据运输生产需要和技术设备更新情况，坚持贴近现场、必要实用的原则，建设模拟仿真实训教室等职工技能练功场所，专用教学面积要达到人均 $0.3m^2$ 以上，满足理论教学和技能培训的需要。

教学设备：通过购置和修旧利废等方式，加强教学设备的投入，配备教具、模型、小型仪器、电化教育设备和各种实作演练设施，承担起职工日常性培训、基本功演练和应急处置等方面的培训任务，满足岗位练兵需要。

教学资料：为职工提供必要的文化学习和业务学习图书资料，站段设立阅览室、车间设置图书柜，图书资料要达人均 3 册以上，更新率要占职工总数 10% 以上，满足职工的学习需求。

二、经费投入

每年按照上级规定标准，及时足额提取职教经费。按基础经费、奖优经费、差别投资三种模式差别下拨经费；按示范课、精品课教学水平和课时量，分档核发兼课费，并缩短激励周期，更有效地发挥激励作用。

三、技术平台

（一）建立职教网站（网页）。在局域网和互联网分别建立具备各种培训功能的职教网络系统，登录网页链接教材库、名师库、课件库、案例库、试题库、名课库，设置“在线培训考试系统”、“互动教学考评系统”、“应急处置模拟推演系统”、“主要行车设备模拟检修系统”登录接口，具备自我学习、自主训练、远程教学、互动交流等功能。同时，与各站段职教科（实训基地）、职培基地网页相链接，实现资源共享。

（二）完善系统平台。加强系统平台建设，不断拓展功能、增强功效。升级“在线培训考试系统”，完善题库导入、智能组卷、试题否决功能；升级“互动教学考评系统”，完善故障处理、顺序作业、组装作业各类教程；开发“应急处置模拟推演系统”，实现分系统、分岗位、分职名的应急处置推演和各工种联动模拟演练功能；开发“主要行车设备模拟检修系统”，实现运行检测、故障诊断、修理操作、自动点评、远程答疑等功能。并根据培训工作的发展需要，努力研发其他实用性网络平台。

四、资料管理

（一）“六库”管理。路局职教处负责教材库、名师库、课件库、案例库、试题库、名课库等“六库”建设；各站段、职培基地、实训基地负责提供“六库”所需的相关资料；各职培基地负责按分工更新维护“六库”。“六库”以电子文本保存在职教网络系统共享。

（二）内业管理。路局职教处、各站段、职培基地、实训基地，都要按照有关规定，分级管理、分类建档地管理好本单位的各类职工教育培训的原始基础资料。各类基础资料要以纸质文档和电子文本两种方式保存。电子文档都要与职教网页链接，并合理设定查阅修改权限。

第五章 “流程化”模式的培训体系

“流程化”培训模式将培训体系细化为6类17项培训种类，分别由路局、基地、站段、车间、班组组织实施。

本章提要

- 路局组织的培训
- 站段组织的培训
- 车间组织的培训
- 培训内容

第一节 路局组织的培训

路局一般利用职培基地、实训基地、合作院校等资源组织培训。直接组织高速铁路（客运专线）中主要行车工种新职人员的资格性培训；直接组织高速铁路（客运专线）重点人员的其他重要培训项目；直接组织普速铁路主要工种的重点项目的职工培训；直接组织其他重要项目的职工培训。

按培训性质划分，路局级培训体系构成如下。

一、资质培训

（一）资格性培训。直接组织高铁（客运专线）各系统主要行车工种新职人员上岗前的资格培训。

（二）适应性培训。直接组织各系统主要行车工种由于运用新技术、新装备等给生产作业带来重大变化而引发的适应性培训。

二、专题培训

（一）应急性培训。直接组织项目重要、规模较大、需要多个部门联动参与等情况下的大型应急性演练培训。

（二）安全性培训。直接组织重要安全项目、全局性安全项目等的安全培训。

三、晋升培训

（一）后备性培训。直接组织部分班组长、主要行车岗位、特殊工种岗位等重要岗位后备人员的培训。

（二）技师性培训。直接组织拟进行"高级技师"职业技能鉴定人员职鉴前的培训。直接组织重要职名的拟进行"技师"职业技能鉴定人员职鉴前的培训。

（三）提高性培训。直接组织重要行车班组的班组长、主要行车工种的骨干人员、高技术含量岗位人员等重点人员的技术业务拓展提高性培训。

（四）学历性培训。直接组织全局职工（工人）的各级各类学历性教育培训。

四、师资培训

采取选送进入职培基地、实训基地、合作院校、设备厂家等机构脱产培训和远程视频等方式，直接组织全局各基层站段、职培基地、实训基地专兼职教师，进行相关技术业务理论、技能和教法等培训。

（一）拓展性培训。直接组织有关教师进行相关专业知识技能的拓展引深的培训。

（二）深造性培训。直接组织有关教师进入合作院校，进行学历提高、专业改造、素质提升、武装新理论及新知识等深造培训。

五、联动培训（管理性培训）

路局职教处与人事处一道，联动直接组织“干部培训”与“职工培训”结合部的有关人员，进行相关对接性、业务技能性、管理性系统脱产培训。

（一）培训对象

1．有发展潜力的优秀工人。有计划地选送符合条件、有可能一年后考聘为“专业技术和管理岗位人员”的优秀职工，脱产进行干部必备的相关理论知识等的系统培训。

2．班组技术员。有计划地组织拟配“班组技术员”的干部，脱产进行相关专业主要工种实作技能等的基础培训。

3．主体专业大学毕业生。对铁路运输主体专业的大学毕业生，按岗位需要脱产进行相关站段主要行车工种的规章制度、实作技能、管理理论知识等的基础培训。

4．非主体专业大学毕业生。对接收并分配到运输站段生产和管理部门的非铁路运输主体专业的大学毕业生，脱产进行相关铁路运输理论、规章制度、实作技能、管理理论知识等的基础培训。

（二）培训内容

1．有发展潜力的优秀工人培训。实行3个月的集中脱产培训。主要进行相关规章制度、应急处置、技术业务理论、专业管理理论、企业经营管理知识、综合管理知识、法律知识、应用文写作、心理学、党建廉政思想政治工作等干部必备的基础理论知识等的系统培训。

2．班组技术员培训。实行3个月的集中脱产培训。主要进行基本规章、作业流程、作业标准、实作技能、应急处置、班组管理、心理学、思想政治工作等现场需要的基础知识和技能等的基础培训。

3．主体专业大学毕业生的培训。实行3个月的集中脱产培训。主要进行相关规章制度、作业流程、作业标准、应急处置，企业经营管理知识、综合管理知识、行为科学，法律知识、应用文写作、心理学、党建廉政思想政治工作等必备的基础理论知识等的基础培训，以及相关主要行车工种的实作技能的基础训练。

4. 非主体专业大学毕业生的培训。实行 6 ~ 12 个月的集中脱产培训。主要进行铁路运输基础理论、相关专业主要技术理论、专业管理理论、相关规章制度、作业流程、作业标准、应急处置，企业经营管理知识、综合管理知识、行为科学，法律知识、应用文写作、心理学、党建廉政思想政治工作等必备的基础理论培训，以及相关主要行车工种的实作基础技能训练。

六、学历教育

学历教育以路局人才需求为导向，以高等院校优质教育资源为依托，以提高教学质量为中心，按照专业对口、学用一致的原则，使学员在拥有一线操作实践的基础上，掌握更科学、更完善、更实用的理论知识，从而在生产实践中更加全面地了解自己所从事的工作，为职业发展规划提供更广阔的空间，更好地为铁路事业创造价值。

（一）参加条件

1. 纳入计划。在职职工专业学历教育由路局根据岗位需求制订具体的培训专业计划，按计划统一组织。站段按路局培训计划组织职工报考。凡未纳入计划的不给予学费报销。

2. 工作需要。参加学历教育的职工必须为在岗职工，所学专业要与所从事的岗位一致或相近，做到立足岗位需求，所学专业对口。

3. 符合条件。参加学历教育的职工必须符合相关委培院校的报名条件，录取由培训院校按规定执行。

（二）层次划分

1. 在职职工中专函授（远程）学历教育。主要致力于提高一线技术作业人员的整体素质，教学对象主要针对学历达不到中等专业水平、处在操作层次的在职职工。在中专函授学历教育的培训期间，学员可以利用休息的闲暇之余来函授部进行学习，也可以通过每学期下发的各科课程辅导材料和光盘，自主完成学习，解决了在职职工因工作繁忙无法奔波学习的问题，化解工学矛盾。而他们的工作性质也决定了中专函授教育中实践和实际操作的重要性，因此中专函授学历教育中对中专生要更注重其实际动手操作能力的培养，这使得相关课程较为贴近一线工作。在学习过程中学员既提高了基本素质，同时其操作能力也得到了提高。

2. 在职职工专科函授（远程）学历教育。教育范围比较广泛，主要针对操作层人才和管理层人才，通过将教学与实践相结合的方式，使学员把所学习的技能和知识灵活运用到工作当中。专科学员一般在站段都会参与技术攻关项目，参与新技术、新设备、新规章、新工艺的使用，把最新理论与生产实践相结合，对在职职工更快适应新知识、新要求、新环境有很大帮助。同时，远程网络教学的方式既解决了工学矛盾，又可以实时掌握和学习最新的院校优质网络教学资源，有利于职工在工作中不断创新和进步。

3. 在职职工本科函授（远程）学历教育。充分利用网络教学的方式，便于学员第一时间看到院校更新的优质教学资源，本科学员的分布情况与专科相似，但管理层人才更多一些，因此需要学员掌握更多、更全面的业务知识。本科学历教育更注重学员理论知识的提高，在工作实践达到一定水准后，理论上的提高可以带来质的飞跃。在对本科生的理论培养时，着重加强学员对铁路各系统理论知识的学习，力求理论学习有高度、有深度，为铁路发展提供更多的能够熟练掌握铁路关键技术、动手能力强、爱岗敬业的高技能人才。

4. 在职职工研究生函授（远程）学历教育。教学对象针对各个单位的决策层人才和管理层人才，更加注重对科研项目的研究和钻研。在研究生的培养上，积极鼓励创新，促使其掌握独立研究的方法和技能：尽量多地学习各种研究方法，熟练掌握研究过程和步骤。让学员学会把研究生学习得出的课题应用到铁路发展实践当中去，并做到人文与技术相结合、理论与实践相结合、渊博知识与独立思考相结合、理想精神与务实态度相结合。

（三）主要作用

1. 让职工学习到符合职工实际工作需要的课程。作为在职职工的学历教育培训，所学习的内容必须和职工的生产实际相适应。基于在铁路系统这个分工明确的大系统中，与车、机、工、电、辆等各个环节的岗位和工种对应的专业和层次都有所不同，开展学历教育时要对应不同岗位、不同工种和不同层次设置专业、学科，保证与在职职工的实际工作内容相适应，达到"缺什么，补什么"、"干什么，学什么"。

2. 在职职工学历教育解决工学矛盾问题。铁路系统作为国家交通大动脉，系统中的各个环节都在24小时不停地运转。在职职工学历教育必须面对不可避免的工学矛盾问题。需要函授部门协调到位，在面对工学矛盾时，利用好面授的机会提高效率，并积极给学员提供便利条件，如在站段设立教学点，利用函授和远程教育的方式送学到站段，使学员可以自主学习、便于学员就近学习。

3. 按层次培养铁路人才。铁路人才按需求划分主要分为三个层次：决策层人才、管理层人才、操作层人才。不同层次的学员需要具备不同的学历水平，也需要不同层次的培训。因此开展学历教育时，要紧紧围绕着铁路发展的需要，根据在职职工的岗位和层面，有针对性地开展分类别、分层次的学历教育，使学历教育培训更加符合实际需求。

4. 坚持理论与实践相结合。在制订教学计划和设置课程上，突出教育教学的针对性和实用性，按照铁路自身实际情况对具体专业教学有所侧重。同时，积极提倡企业和学校联合培养内部讲师，从生产实际出发，加强学习材料等有关课件建设，改善教学内容，充分吸收各个站段部门反馈的意见，凸显具有学科特色的新知识、新技术、新工艺的课程项目。通过以上措施让学历教育更有针对性，更具实用价值，把专业理论和实用技术有机地结合在一起，让学员真正学到切合实际的理论知识和实作技能，取得综合素质全面提高的效果。

第二节 站段组织的培训

站段要在组织资格性、适应性培训的同时，根据运输生产需要、季节特点、现场变化，抓好各类专题性培训。

一、资质培训

（一）资格性培训。站段受路局委托，组织本单位部分行车工种新职人员上岗前的资格性培训。

（二）适应性培训。站段组织由于技术、装备、规章、组织方式等变化引发的相关人员的适应性培训和一般工种拟职鉴技师人员的职鉴前技师培训。

二、专题培训

（一）季节性培训。站段组织防洪、防胀、防雷、防断、防冻害、防火、劳动安全等季节性、规律性的专题培训。

（二）攻关性培训。站段组织针对安全、设备、非正常重点问题等运输生产主要难题，进行专题攻关性质的培训。

（三）关联性培训。站段重点组织三种关联性培训：一是本单位拥有比较特殊的，属于其他系统专业行车工种人员，对其所进行资格性、专题性等的培训；二是与本系统本单位作业联系紧密、需要本单位人员掌握的其他系统专业知识的专题性培训；三是本系统与其他系统工作结合部的相关业务和问题的专题性培训。

（四）应急性培训。站段组织针对本系统可能发生的各种非正常情况，进行妥善应急处置的相关培训和应急演练。

（五）安全性培训。站段按需求、按时期对各类人员进行相关的安全培训。

第三节 车间组织的培训

车间要按照站段培训计划要求，以“车间讲堂”和“班组学堂”为有效载体，通过多种方式，结合实际抓好强基培训。

一、基础性培训。车间按照站段每月下发的“应知应会”的基础理论、基本规章、作业标准、新的制度规定等培训学习内容，制订基础性培训计划，经站段审批后，由车间以短期脱产、半脱产、不脱产的方式逐班组织实施。

二、生产性培训。利用车间每班交班会和实际作业，以“每班讲一规、强一标，每班攻一难、破一关”的“车间讲堂”形式，针对本班作业的技术要领与控制难点，对班组长和技术业务骨干进行作业标准、控制、应急处置的持续培训。

三、岗位性培训。利用班组每班点名会和实际作业，以“每班学一题、考一人，每班练一项、教一招，每班说一案、防一事”的“班组学堂”形式，对班组全体职工进行基本规章、作业标准和实作技能的持续培训。

第四节 培训内容

根据培训需求分析出的不同专业、不同岗位、不同人员、不同时期、不同深度等不同需求，本着“缺啥补啥”的原则，各级各类培训要针对具体需求对症下药，合理确定专业业务、综合知识、职业操守等相关培训内容。

一、专业业务培训

专业业务培训主要是依据《国家职业标准》和《铁路职业技能培训规范》，实施职工岗位作业需要的专业理论、实作技能、安全知识等方面的培训，并针对运输组织、技术装备、规章标准等发生的变化情况，及时组织“四新”知识培训。专业理论主要是指岗位职业能力方面应知应会的基础理论、基本规章、作业标准、技术业务等有关知识；实作技能主要是指岗位作业能力方面需要具备的基本技能、专业技能、实际操作、应急处置等实作能力；安全知识主要是指确保安全生产需要掌握的行车安全、劳动安全、人身安全、事故案例等相关内容。

二、综合知识培训

综合知识是指职工在专业业务培训的基础上，为提升整体素质需要掌握的各种相关综合知识。狭义来说，是指本职务知识的拓展和丰富，包括综合管理、电脑操作、文字处理、新兴技术等；广义来说，是指满足职业生涯需要的各种知识，包括政治理论、法律知识、文化知识、写作知识、科技知识等。

三、职业操守培训

职业操守培训主要是指通过职业道德、职业纪律等方面的培训，促使职工在工作中做到态度端正、行为理性和责任忠诚。职教部门职业操守培训的重点对象主要包括两部分：一是新职人员。培训内容主要包括铁路职业道德基本知识、岗位职业道德规范、铁路员工职业道德修养、职业守则、行为规范以及铁路企业历史沿革传统教育、企业文化灌输和“人民铁路为人民”的宗旨教育等，主要目的是提高新职人员对铁路工作重要性的认识，摆正自身工作质量与人民生命财产安全的关系，树立爱企业、爱岗敬业的精神，从而增强责任意识，履行岗位职责。二是职业操守方面出现问题的重点人员。对培训需求分析过程中发现的由于责任心、工作态度等职业操守问题，而造成作业质量下降、操作水平下滑的重点人员，有针对性地进行作业纪律、铁路法律、职工奖惩规定等方面的教育培训，主要目的是帮助职工明确工作失误可能产生的严重后果，认清因错误操作而需要承担的纪律处分、经济成本甚至法律责任，从而端正工作态度，规范作业行为，增强提高自身素质的内动力，促进作业水准和作业质量的提高。

四、培训内容设计

具体的培训内容，按以下规律要求具体设计。

（一）按本职专业和本人岗位需求设计。

（二）按本次培训班的“指导意见”和“培养目标”要求设计。

（三）按学员技术业务短板中的具体缺陷设计。

（四）按该工种岗位应该达到的技术业务素质标准设计。

（五）按更加突出实作能力提高的要求设计。

（六）按该岗位需要掌握的其他相关专业知识技能的缺项设计。

（七）按具体学员群体的发展方向需提前储备的知识技能设计。

（八）按职业操守方面暴露出的问题和职业道德规范要求设计。

第三篇 “流程化”模式的需求分析

第三篇

“流程化”模式的需求分析

培训需求主要来自现场，所以，站段是培训需求分析的主体。路局在指导、检查、监督站段认真开展需求分析的同时，也要开展必要的需求分析。

第六章 站段需求分析

站段要明确需求分析的流程，掌握并灵活运用需求分析的方法及工具，通过科学的需求分析，提高培训的针对性和实效性。

本章提要

- 需求细分——怎样找需求
- 分析组织——如何进行操作
- 分析工具——用什么分析
- 需求研判——从信息中甄别需求
- 归纳确认——把需求变成培训计划
- 循环单元——多长时间分析一次

站段需求分析要抓好需求细分、分析组织、分析工具、需求研判、归纳确认、循环单元等6个关键环节（见图3-1）。

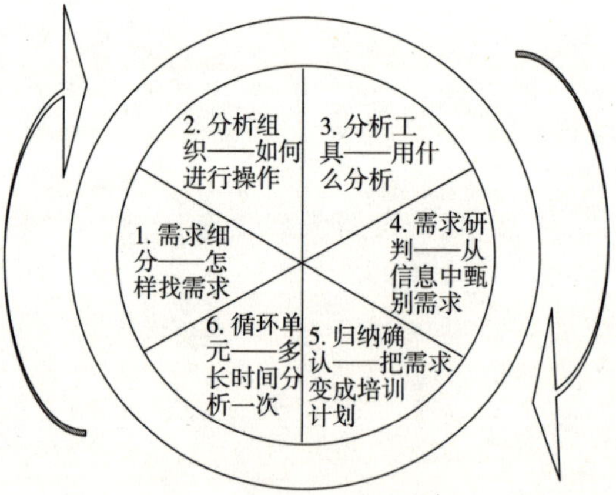

图3-1 需求分析流程图

第一节　需求细分——怎样找需求

为使需求分析得更加细致、准确，应从以下方面对各种需求进行细分。

一、常规性培训需求

（一）上岗、转岗、增岗、晋级资质等引发的需求。

（二）新技术、新装备运用等引发的需求。

（三）新规章制度颁布等引发的需求。

二、专题性培训需求

（一）季节性问题等引发的需求。

（二）应急处置问题等引发的需求。

（三）高发性问题专项攻关等引发的需求。

（四）与本专业关联性的其他专业知识学习等问题引发的需求。

（五）特殊群体专项提素等引发的需求。

（六）职业操守暴露出的问题等引发的需求。

三、基础性培训需求

（一）基本规章、作业标准巩固等引发的需求。

（二）劳动安全等安全问题引发的需求。

四、个体性培训需求

（一）个体技术业务短板补强等引发的需求。

（二）个体技能提高等引发的需求。

（三）个体学历提升等引发的需求。

还要结合实际、广泛深入地洞察和分析来自其他方面的培训需求。总之，只要有需求就必须及时发现、及时分析、及时针对性地进行培训。

第二节　分析组织——如何进行操作

组织需求分析是分析成败的关键，必须运用科学的方式方法，按以下流程组织。

一、实行"网格化"复式分区

需求分析的目标对象复杂且模糊，需求种类具有不确定性。为避免分析的盲目性和片面性，要以全面与重点相结合的方式，从"多维度"分析，分"网格化"查找，全方位进行培训需求分析。

（一）按组织结构划区分析。按照本单位车间、班组的构成，逐车间划分成若干"大区"，再将各车间内的班组逐一划分成若干"小区"。

（二）按重点专业划区分析。按照本单位专业分类，将各个重点专业划分成若干"专业区"。

（三）按职务层次划区分析。按照本单位各分管领导的分管领域，划分成若干"职务大区"，进而在各"大区"内，按行政班组长、生产班组长、关键岗位人员等再划分成若干"职务小区"。

（四）按突出问题划区分析。在与相关科室一道查找出本单位阶段性"突出问题"的基础上，按"问题类别"划分出若干"问题区"。

二、实施"多元化"逐区分析

需求分析要在站段职教科的统筹下，在相关部门的组织下，由对目标分析对象最了解的各类人员来具体实施。可按以下分类组织实施。

（一）主管领导按职务分析。由各分管领导组织相关人员，按“需求细分”对各职务“层次分区”逐人进行能力性“需求分析”。

（二）业务科室按专业分析。一要组织相关主管科室按“需求细分”，对本“专业区”内各主要职名的技术骨干逐人进行专业性“需求分析”；二要组织与各类“突出问题”相关的科室和车间，针对相关“问题区”的具体问题，按“需求细分”对相关人员逐人进行问题性“需求分析”。

（三）职教劳人按履历分析。组织职教科、劳人科一道，按照各分管领导的“职务分区”，就专业教育背景履历、专业工作履历、专业技术履历、专业培训履历、素质考核履历、岗位绩效履历等方面，对各个职务层次的主要职名人员，按“需求细分”，逐人进行履历性“需求分析”。

（四）车间班组按辖区分析。组织各车间、各班组按“需求细分”对辖区内人员逐人进行综合性“需求分析”。

（五）职工个人按职业生涯分析。由劳人科组织各专业、各层次主要职名的现职人员和后备人员，逐人按“需求细分”，与周围人员一起，自主分析完成本岗位工作的“业务短板”，结合职业生涯发展方向，分析承担下步工作的“业务缺项”，进行个体性“需求分析”。

第三节　分析工具——用什么分析

针对职工培训的需要，借鉴部分既有的理论和实践模型，设计部分符合实际的应用模型，提出 9 种需求分析模型工具，供各单位在培训需求分析中，结合实际一事一法地选择运用。同时，鼓励各单位结合实际地创造出更多、更好、更实用的培训需求分析方法。

一、信息统计法

方法概述：通过对整体或局部一个阶段内的安全等信息，进行全面综合统计分析，从中发现哪方面有问题，并进行原因和需求分析。

适用范围：适用于群体性、共性问题引发的培训需求分析。

分析流程：发现问题迹象→收集相关信息→梳理统计→找出共性规律和高频率问题→分析潜在素质缺陷→细化需求分析→分析紧迫度→结果整理报告。

操作要点：一是日常要注意广泛收集各方面的安全信息，做好信息资源的积累。二是要注意信息内容的全面性，尽量涵盖"两违"、应急处置、工作质量等多个方面。三是要注意信息的甄别，从信息中找准素质方面存在的问题。

二、概况分析法

方法概述：通过对各类行车概况进行实时分析，从中洞察素质缺陷原因，并深入比对分析同类人员，查找培训需求；通过对一个阶段行车概况的综合统计分析，查找高频率和典型性事件，洞察素质缺陷原因，定位缺陷群体，查找培训需求。

适用范围：适用于本单位单项或阶段性突出问题引发的培训需求分析。

分析流程：及时收集概况→分析共性原因（多概况统计分析时要查找高频率事件）→分析原因与素质的关联性→查找素质缺陷→比对同类人员→定位缺陷群体→分析缺陷项点→查找培训需求→分析紧迫度→结果整理报告。

操作要点：一是要主动参与各种交班会和分析会，及时掌握第一手资料。二是通过行车概况网、安全信息系统等多种渠道收集概况。三是通过定期梳理确定高发概况进行专题分析，针对典型概况随时进行分析，查找素质关联问题，确定培训的重点。

三、履历分析法

方法概述：通过对整体或局部群体人员的专业教育背景履历、专业工作履历、专业技术履历、专业培训履历、素质考核履历、岗位绩效履历等的统计分析，对应重点岗位的标准履历，查找履历缺陷，确定培训方面的需求。

适用范围：适用于单位发展储备、能力结构调整、个体履历缺陷、培训项目完善等引发的培训需求分析。

分析流程：根据问题和需求确定分析对象→制定问题群体应有的“岗位标准履历”→细致查阅人员履历→对照相关岗位“标准履历”查找履历缺陷→分析缺陷影响程度→判断是否需要和能够以培训的方式解决→分析素质缺陷→查找培训需求和紧迫度→结果整理报告。

操作要点：一是对标准履历要认真研究、合理把握相关条件，定准分析的依据。二是分析过程中要按标准履历条件逐项对照，保证分析全面。三是分析过程中要注意了解履历的取得过程和职工的现实能力表现，对比分辨履历的有效性。

四、问卷法

方法概述：通过对某群体的综合调查问卷，了解人员对培训的各种需求，进而分析出合理需求；通过对特定群体、特定项目的专项问卷测评，了解人员对特定项目培训的需求程度和需求项点，进而甄别出合理与紧迫的需求。

适用范围：适用于特定群体性、重要性项目的培训需求分析。

分析流程：确定调查群体和调查项目→科学设计调查问卷表→召集相关人员说明填写要求→组织填写问卷→梳理统计分析→查找共性和特殊性需求→分析需求的现实必要性→分析紧迫度→确定需求人员→细分需求项点→结果整理报告。

操作要点：一是要列出需要了解事项的清单，并将列出的事项转化为问题。二是对问题进行分类排序，问题内容要清楚明了，语言简洁，不会产生歧义。三是问卷尽量采用匿名的方式，便于获得真实信息。

五、主管观察法

方法概述：通过请目标群体、人员的行政主管、技术主管、生产主管等直接了解情况的上级主管人员，利用一段时间，运用预先设计的项点，对目标对象生产中的技术业务表现，进行深入观察分析，来与主管共同综合分析、判断目标对象的素质缺陷，确定培训需求。

适用范围：适用于职工小群体和个体性素质短板的培训需求分析。

分析流程：针对问题确定目标对象→设计观察项点和方法→选定主管人员→讲解观察要点→组织动态观察→与相关主管共同讨论综合分析观察结果→确定缺陷人员→查找缺陷项点→分析培训需求和紧迫度→结果整理报告。

操作要点：一是观察者要注意观察的技巧，以免目标对象察觉到被观察而改变正常行为方式，造成需求判断不准确。二是在观察中要针对预先设计的项点，适时准确地做好记录，确保每个项点都能够通过观察得到评价。三是严格根据观察记录客观评价，不能掺入观察者的个人情绪、意愿等。

六、面谈法

方法概述：通过以访问者直接与受访人面对面交谈的方式，从受访人的表述中发现问题，看到群体中的培训需求，进而判断出培训需求产生的真正原因。受访人一般是一级组织中的行政管理、人事管理、培训管理、技术管理、生产管理等关键人物。

适用范围：适用于全面、深入、具体地了解分析某一组织群体内的综合培训需求。

分析流程：确定需求信息→确定各层面的面谈对象和人数→准备访谈提纲→告知面谈者相关情况→实施面谈→分析问题和素质缺陷→查找培训需求和紧迫度→整理并分析结果。

操作要点：一是提前安排时间和地点，以防中途打断访谈。二是提前确定访谈的重点，明确什么信息是最有价值的、必须了解到的。三是准备完备的访谈提纲，启发、引导被访谈人讨论相关问题，防止访谈中心转移。四是对于同一问题要注意收集不同部门、不同角度的意见。

七、自主讨论法

方法概述：通过组织运输生产重点班组、问题较大或较多的班组，进行全员的互动讨论，引导班组成员自我剖析、相互查找素质缺陷，有利于把问题找得更准，有利于调动职工主动参与和接受培训的积极性。

适用范围：适用于对重点班组、问题班组的个性、专题培训需求分析。

分析流程：针对问题确定目标群体→初步了解分析整体和个体问题→设计讨论题目和方法→与车间领导和班组长沟通形成配合共识→组织班组成员讨论→与车间领导和班组长共同逐人分析问题查找素质缺陷项点→确定培训需求和紧迫度→结果整理报告。

操作要点：一是要全员参与，事先说明存在的差距和讨论的目的。二是双向查找，从自我查找和他人帮助查找两方面发现素质缺陷。三是剖析原因，对素质缺陷产生的原因进行讨论，探讨解决办法。四是汇总结果，为针对性地确定培训方式和培训重点打好基础。

八、胜任素质模型

方法概述：“胜任素质模型”是一种国际通用的通过对某关键岗位群体人员中，最优秀与最一般的两类极端人员的素质对比，来选定本岗位"胜任素质标准"，再用"胜任素质标准"，逐人逐项地衡量各分析对象的素质差距和"培训需求"的"需求分析模型"。根据铁路实际，对"理论模型"进行了再造。

适用范围：适用于铁路运输关键行车工种、关键且复杂岗位的群体和人员（如高铁动车组司机等高铁关键工种、车站值班员等普铁关键工种）的培训需求分析。

构建模型流程：针对问题确定目标群体→成立专家组→设计"岗位需求素质"→划分"极端性群体"→细化量化"岗位需求素质"分项点并测评→物化优化"岗位需求素质"分项点→建立"胜任素质标准"模型。

需求分析流程：针对问题确定目标群体→成立专家组→按"胜任素质标准"模型分项点测评→对照"胜任素质标准"模型分析→确定具体人员素质缺陷→确定人员培训需求→形成"需求分析报告"。

操作要点：针对某一特定岗位的群体人员，需求分析操作中要注意把握以下要点。

1. 合理组建"专家组"。专家组由职教科牵头，由熟悉技术业务、熟悉群体中人员情况的站段技术科、安全科、职教科、劳人科，车间领导、技术主管、安全员、班组长等组成。"专家组"负责实施培训需求分析。

2. 科学设计"岗位需求素质"项点。它主要是指专业技术熟练、专业业务娴熟、吃透规章制度、相关基本理论功底深厚、专业技能精湛、应急处置技能高超、认真执行作业标准化、严格遵守规章制度、职务履历完备、培训履历完善、有良好的职业道德、做事认真细致、性格稳重遇事不慌、善于思考钻研、自信而上进、学习能力强等项点。各站段可根据实际做出微调。

3. 合理划分两类实际绩效表现"极端性群体"。严格依据一段时期中，群体中每个成员的现实综合"绩效表现"结果，从目标群体中挑选出一定数量的"最优秀群体"人员和"最一般群体"人员。"最优秀群体”人员，供挑选分析“分项最优秀人员”素质时作样本；“最一般群体”人员，供分析优秀素质时作反衬对比样本。

4. 逐项细化量化“岗位需求素质”项点并测评。先将各项“岗位需求素质”进行细化，每项形成若干可以直观判断并制定水平量化标准的“分项点”。再由每位“专家组”成员，对“最优秀群体”成员，用“测评表”进行逐人、逐“分项点”地评分。难以量化的“分项点”，可在“测评表”中分为好、中、一般、差4个“等”，每“等”中又细分为高、中、低3个“档”，测评中按“等”、“档”评定。同时，设计出“等档分值对照表”，相应给定各个“等”一个“分值区域”，进而再给定各“等”中的各个“档”一个合理的固定“分值”，形成12个分值点的“等档分值对照表”，供测评出等、档后查定所得分数。所有“专家组”成员的相应“分项点”评分的“算术平均数”（或加权平均数）就是某人该分项点的得分。

5. 逐项物化优化“岗位需求素质”分项点。按照“岗位需求素质”各“分项点”，逐一挑选出“得分”最高的“分项最优秀人员”。进而逐一“分项点”地深入分析，确认“分项最优秀人员”在该“分项点”素质方面的具体素质情况，据此形成该“分项素质标准”。将“分项点”的“分项素质标准”整合起来，就建立了该岗位的“胜任素质标准”模型。实践中，模型构建后可以一段时期内固定使用，情况发生重大变化时再重新构建。

6. 实施培训“需求分析”。由“专家组”成员，对照“胜任素质标准”，对目标群体每名成员，按照上述方法，进行逐人、逐分项点地测评分析。“测评”是为了找出“谁在哪个分项点上素质有缺陷”，“分析”是为了弄清“具体差些什么”。最后，依据这两个结果，形成“需求分析报告”。

九、矩阵对照模型

方法概述：矩阵对照模型，是一种对重要工种中同一职名的人员群体，进行素质评鉴和培训需求分析的方法。它对该工种职名所必需的各种能力进行细化分项（序号为1、2、3…），对待评人员也逐人编号（序号为A、B、C…），据此形成以项目编号为横列、以人员编号为纵列的"人员能力矩阵表"，并注明5个能力等级"标识"（分别以"田"字格中"四小格"的"分区涂黑"状态标明等级："全白"的为"未评估"，"一黑三白"的为"学徒级"，"两黑两白"的为"基础级"，"三黑一白"的为"熟练级"，"四黑"的为"专家级"）的基础上，通过组织各类相关人员依据此表，进行逐人、逐项地"交叉"比较"评等"的方式测评。然后，汇总测评结果，逐人、逐"分项"地统计汇总各相应"小格"的"涂黑"数量，据此逐人得出单项和综合素质评鉴结论，明确个人素质短板和培训需求。

实践中，会经常采取由管理层领导，以深入谈话的方式，按照"人员能力矩阵表"，通过对职工进行逐"分项"地讨论、了解、评价的方式，进行初步素质评鉴和培训需求分析。这种方法的优点是简单易行，缺点是可能会片面。

实践中，也经常会采取让素质最强的"专家"与素质最差的技术业务"薄弱人"结"师徒对子"的方式，在日常生产实践中进行"手把手"教的培训。

适用范围：主要适用于对生产一线主要工种重要职名"同职名人员"的素质评鉴和培训需求分析。如有必要，其他工种职名的"同职名人员"也可以按此法分析。除进行培训需求分析外，还可以利用此法或运用此法的分析结果，作为定职的能力评鉴、提职的能力评鉴、转岗的能力评鉴、临时顶岗的能力判断、师徒结对的师傅选定等的依据。

构建模型流程：确定待分析群体并编号→确定能力"分项"→设计能力"分项"内容并编号→设计划分5个能力等级并分别以"田"字格中的"分区涂黑"数量状态作出"标识"说明→设计"人员能力矩阵表"（见图3-2）。

待评人员 / 必备能力	A	B	C	…	N_1
1					
2					
3					
…					
N_2					

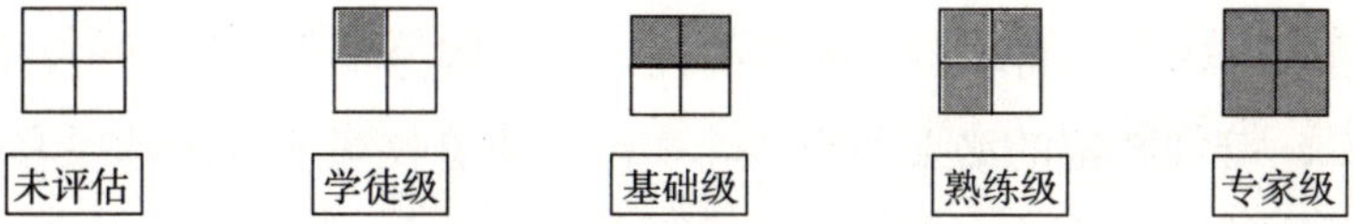

图 3-2　人员能力矩阵表图

需求分析流程：确定分析群体并构建相应模型→按构成选择测评人→组织测评→统计分析→形成"需求分析报告"。

操作要点：在实际操作中，要把握好 4 个关键环节：一是被测群体人员必须是同一职名，否则没有可比性；二是能力细化分项既要覆盖该职名的所有必备的主要能力，又要把这些能力细化分解成若干"分项"，还要把"分项"设计出可以明显直观判断的内容；三是要合理地选择对"被测群体"直接并深入了解的班组长、骨干职工、车间班组技术人员、车间主管副主任等人员为测评人；四是能力"分项"的设计，如果参考"胜任素质模型"分析出的"胜任素质标准"模型结果，将使"分项"设计更科学、更准确。

第四节　需求研判——从信息中甄别需求

要对各类信息按以下流程进行研判，从中准确甄别培训需求。

一、问题成因的合理性研判。需求分析后，要进一步对分析出的素质缺陷与生产中暴露出的现实问题之间的关联度与紧密性，再进行深入分析研判，确认问题与素质之间联系的必然性程度，进而正确判断分析的合理性、需求结论的正确性，避免因分析失误导致无效培训。

二、培训愿望的必要性研判。对各种渠道收集上来的基层和干部、职工反映的培训愿望，要进一步深入了解分析，不能有求必应。要深入甄别哪些是必要的、哪些是紧迫的、哪些是现实的。对同时具备必要的、紧迫的、现实的特征的需求，要立即安排培训；对虽然必要，但不紧迫或不现实的，要暂缓考虑，避免浪费有限的培训资源。

三、需求群体的多寡度研判。有的需求虽然必要和紧迫，但要对群体中各个需求对象进行严格甄别。既要去伪存真，控制培训人数；又要举一反三，借机挖掘出其他相关群体人员的类似情况和需求，防止就事论事，挂一漏万。

四、人员需求的紧迫度研判。分析后形成的需求可能会是大量的，现实的培训资源条件可能一时难以完全满足。这就需要对"紧迫度"进行深入分析，选择紧迫的、风险大的人员和项目优先抓紧安排，对其他的人员和项目合理安排计划，有序组织推进，防止"捡了芝麻丢了西瓜"。

五、培训组织的适应性研判。要对需求分析的结果再进一步利用。从中查看是否存在已培又需重新培训的问题，反思以往培训组织上的缺陷；从中查找在培训思路、渠道、质量等方面是否存在偏差与失误等。这些问题虽然是需求分析的"副产品"，但反思的意义比补强培训更大、更重要，务必高度重视并及时加以调整解决。

第五节 归纳确认——把需求变成培训计划

要按照流程进行归纳确认，把培训需求变成培训计划。

一、逐级归纳，分类梳理。各科室、车间、班组等部门，要分别对本部门组织的各维度、各层次的需求分析结果，按需求项目类别，进行逐级分类梳理、归纳汇总，初步确定轻重缓急的“紧迫度”，报职教科。在此基础上，职教科进一步将汇总结果，按需求项目类别，进行精确的分类梳理、归纳汇总及判断，形成整体汇总结果。

二、综合分析，找准问题。职教科组织有关科室、车间专业人员成立“专家组”，对整体汇总结果进行综合、深入的分析；逐项、逐人地核准“需培项目”，判断“紧迫度”，剔除“假性需求”，调整“紧迫度”顺位，形成“需求报告”。

三、针对问题，确认需求。“专家组”针对具体个性问题，对“需求报告”中的需求项目和人员，进一步进行细分，找准素质缺陷具体项点和原因，把理论缺陷或实作缺陷清晰定位，把理论缺陷深挖到具体知识点，把实作缺陷深挖到具体操作环节，据此确定针对性培训的“任务目标”。

四、整合需求，拟订计划。职教科按“任务目标”分类和“紧迫度”顺序，将各方面的“需培人员”重新组合；依据调培条件、培训能力确定培训时段；针对需求特点、培训条件确定培训途径、培训方法、培训重点、培训班组成人员；针对待培项点实际需要，确立“培养目标”，制定教学大纲、教学计划，选定培训教材、师资、课件、实作资源、教学组织方式，初步形成“培训计划”。初步“培训计划”经站段主管领导修订和审批后，形成正式“培训计划”下发执行。

第六节 循环单元——多长时间分析一次

要根据培训需求的不同性质，掌握好需求分析的循环单元。

一、普查性需求半年分析。站段要每半年开展一次全员、全项、全面的"普查性需求分析"。年初的普查分析作为"年度轮廓培训计划"的主要依据，作为上半年计划的重点依据；年中的普查分析作为下半年计划调整的依据。

二、重点性需求每季分析。站段要每季度根据本时段各方面特殊实际，对重点群体、重点人员、重点专业、重点岗位、重点项目等，进行一次突出重点的"需求分析"，作为季度调整计划的依据。

三、预见性需求每月分析。站段要每月遵循以往规律性需求，结合当时实际，进行计划调整；要每月结合培训规律，对现实运输生产安全的特性情况进行深入分析，查找与素质培训紧密关联的问题，正确预见培训需求，进行计划调整。

四、问题性需求实时分析。站段要始终密切关注掌握运输生产安全的动态信息，实行每周分析信息，实时分析各类概况等问题，从中查找职工素质隐患，确定动态问题性培训需求，及时制订针对性培训计划，迅速开展专项补强培训。

第七章　路局需求分析

路局要按照需求分析职能，选择适用的需求分析方法，做好需求对接立项和需求分析管理。

本章提要

- 需求分析方法
- 需求分析管理

第一节　需求分析方法

在组织路局需求分析的过程中，可根据不同情况，灵活选用以下几种需求分析方法。

一、统计分析法。在定期对各类运输生产安全信息进行综合统计分析的基础上，从中挖掘多发性、规律性、倾向性、潜在性职工素质缺陷，经梳理分析后，确定相关培训需求。

二、概况分析法。对发生的各类动态概况，进行深入分析，从中查找职工素质的相关缺陷，进而确定相关培训需求。

三、调查研究法。通过开展职工素质专项调研，或结合其他工作调研，在对职工素质和培训工作系统研究分析的基础上，查找、分析职工素质缺陷，进而确定培训需求。

四、专题研讨法。针对重点工作、突出问题开展专题研讨，全面、深入、系统地分析职工素质缺陷，进而确定培训需求。

五、比对分析法。在深入分析各系统之间结合部问题中，对照发生职工素质缺陷问题的系统，“比对”查找其他系统职工素质的相关缺陷，进而确定培训需求。

在初步分析出培训需求后，要与相关站段进行需求对接立项，进一步核实职工素质缺陷问题，细化缺陷细节，共同研究制订补强培训计划措施，按职责组织实施，指导、检查、督促站段落实培训计划。

第二节　需求分析管理

由职教处和业务处根据各自需求分析职能，从不同的侧重点出发，在站段需求分析的基础上，共同完成路局的需求分析。一是承担对站段需求分析的指导、检查、监督职能。二是承担站段上报的需要路局组织培训项目的审查、立项、组织实施职能。三是承担在对各系统整体工作、单项重点工作动态分析的基础上，针对突出问题、结合部薄弱项点，分析职工素质缺陷，查找确立专项培训需求的职能。

路局职教处和业务处在协同做好路局需求分析的同时，还要履行好需求分析的管理职能。一是经常性开展专题调研，出台、创新需求分析模式方法，规范和完善需求分析管理。二是指导、检查、督促站段（包括其他局属单位），按科学的方法，及时高质量地进行培训需求分析。三是对全局重大相关事项可能引发的培训需求，直接组织分析研判，从中确定相关培训需求，并组织对接论证和实施。四是承担根据各系统技术、设备、管理、布局、更新等战略性调整变化，正确预见相应对职工素质提出的新要求，从中确定培训需求的职能。

第四篇　“流程化”模式的培训设计

第四篇

“流程化”模式的培训设计

要对计划管理、课程设计管理和实作项目管理等培训各个要件进行精心设计，通过各个要件质量的优化，保证整体培训方案的优化，从而促进培训质量的优化。

第八章　计划管理

计划是指制定目标并确定为达成这些目标所必需的行动。培训工作的计划管理则是指通过制订科学的、具体的培训计划，对培训的过程进行掌控，及时对不合理的地方作出调整，从而提高培训的成效。

本章提要

- 培训计划管理
- 教学计划管理

第一节　培训计划管理

培训计划是根据全面、客观的培训需求分析，从企业发展需要出发，对培训时间、培训内容、培训方式、培训师资、培训对象等进行系统的设定。培训计划必须同时满足企业和职工两方面的需要，要坚持实事求是的原则，根据企业现有的资源条件和职工本身的素质现状进行设定，同时要有一定的前瞻性，充分考虑未来企业发展的各种变化和培训过程中的不确定因素。

一、培训计划的类型

培训计划一般根据计划的时间跨度划分为长期培训计划、中期培训计划、短期培训计划三类。铁路企业经常提到的年度培训计划属于中期培训计划，季度及月度培训计划则属于短期培训计划。三种不同时间跨度的培训计划的目标都是一致的，只是每种计划有各自不同的重点。按照细化程度来排列，中期培训计划是长期培训计划的细化，而短期培训计划是中期培训计划的细化。

二、培训计划的作用

培训计划为课程设计、教材选定、教法设计、实作设计等指明了方向，使培训需求、培训环节、培训目标等都通过培训计划反映出来，培训计划的作用包括以下四点。

（一）确保培训实施。培训工作涉及各方面的事项较多，如果只凭经验和想法去干，在实施过程中难免出现缺漏。培训计划可以帮助培训组织部门核实每一个培训环节，避免因为漏项而造成培训效果打折扣。

（二）确定培训职责。培训涉及的人员范围广、内容多，每个职能部门负责培训计划的哪部分培训，职工培训过程中的某个阶段由谁负责等，都需要通过培训计划逐一加以明确。培训计划可以将具体责任落实到各个岗位，培训相关部门和培训教师的职责分工一目了然，便于培训的管理，以保证培训的每一个步骤都能够有所遵循，确保培训的顺利进行。

（三）确立培训目标。培训计划通过对培训结果的预期，为培训组织部门设立培训目标，让培训实施得更有方向性，同时也为培训评估设立标准。如果培训结果与预期不符，培训就没有完全达到效果，培训就有待于改进。

（四）确认培训要件。对培训对象、培训地点、内容设计、课程设计、比例设计、方法设计、时间设计、资源配置等要件，进行科学合理的全面统筹安排。

三、培训计划的制订

对铁路企业来说，路局要在各部门、各站段分析提报的基础上，根据需求制订“年度培训轮廓计划”，每月结合实际可以进行部分调整。站段（包括其他局属单位）也要依据需求分析结果，制订“年度培训轮廓计划”，并至少依据半年一次的普查分析结果进行一次调整。每月还要依据“年度培训轮廓计划”和当月动态需求分析实际，调整制订实施“月份培训操作计划”，做好培训渠道安排。职教处和业务处要对站段（包括其他局属单位）培训计划管理进行定期和随机检查指导。培训计划制订流程如图 4–1 所示。

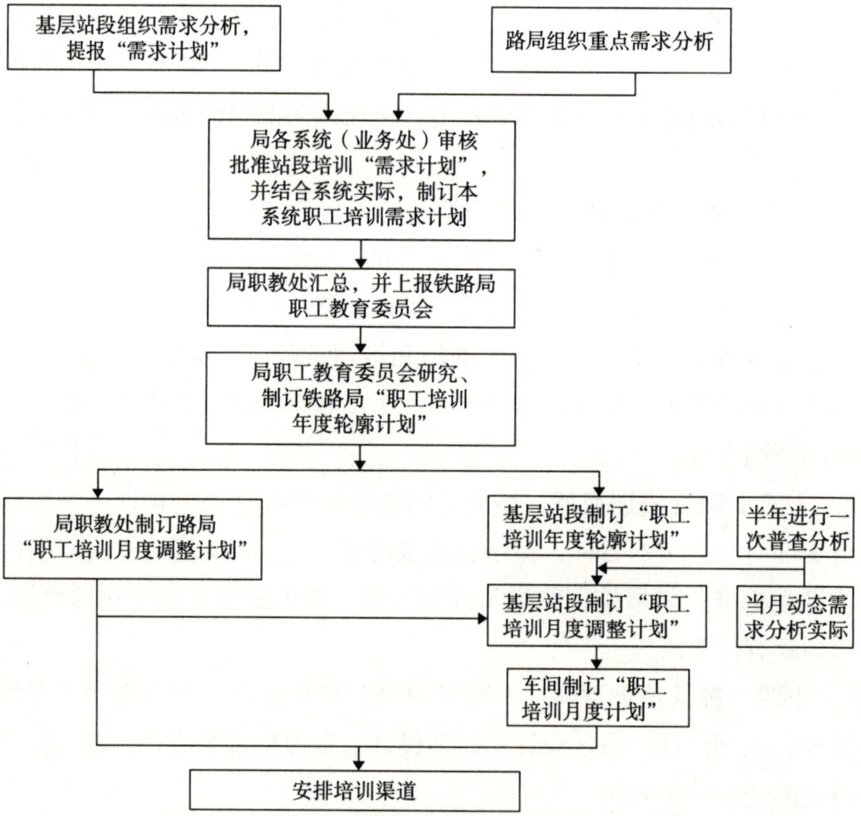

图 4–1　培训计划制订流程图

第二节　教学计划管理

教学计划是一个具体项目培训班实施培训的依据，是培训组织的图纸，是培训质量控制的基础，必须予以超前指导和严格把关，要按照教学指导意见编制→教学计划编制审核→教案、课件编制指导把关的基本流程进行管理（见图 4-2）。

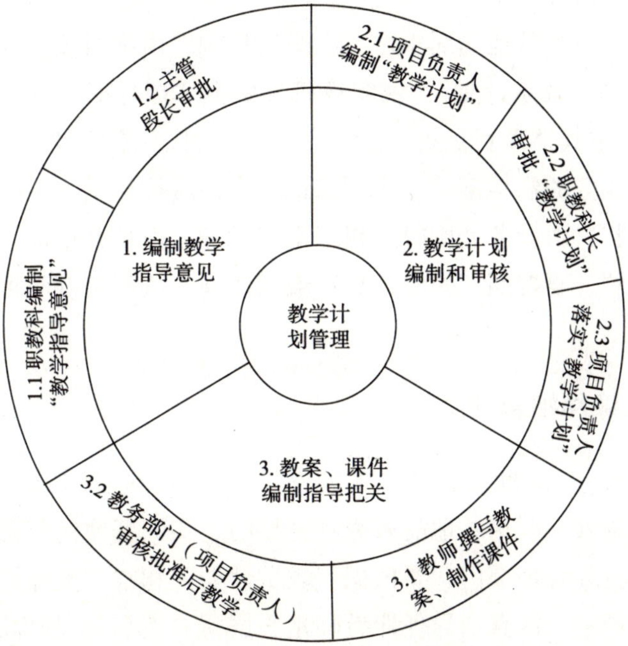

图 4-2　教学计划管理流程图

一、教学指导意见编制

每一项集中培训都要编制“教学指导意见书”（表格形式），对培训性质、培训目的、培养目标、培训对象、培训内容、培训重点、培训方式、教师选配、教具选用、课时安排、实作安排、培训地点、保障条件等都做出详细和具体的设计、规定和要求。站段（包括其他局属单位）组织的培训，“指导书”由站段职教科编制，由主管站段长审核批准。路局组织的培训，由职教处和培训组织部门共同编制“指导书”，由职教处和培训组织部门负责人审核批准。

二、教学计划编制审核

站段（包括其他局属单位）组织的培训，由项目负责人依据“指导书”编制“教学计划”，由职教科长依据“指导书”审核批准“教学计划”，由具体项目负责人落实“教学计划”。路局组织的培训，由承办培训任务的职培基地、实训基地、合作院校依据“指导书”编制“教学计划”，由业务处主管工程师审核批准，由承办培训的部门落实“教学计划”。要按照“教学计划”编制的规范认真编制和审核“教学计划”。

三、教案课件指导把关

“教案”和课件是教师教学的图纸。站段（包括其他局属单位）的项目负责人、职培基地的教务管理部门、实训基地的分管领导、合作院校的教务管理部门，要依据“教学计划”和本“实施细则”中的其他相关规定，认真指导任课教师精心撰写“教案”、制作课件。“教案”、课件须经相关教务部门（项目）负责人审核批准后方允许教学运用。

第九章　课程设计管理

课程的设计与管理是培训的基础性工作，工作的质量直接决定了培训的质量。

本章提要

- 课程设计原则
- 课程设计要素
- 课程设计流程

第一节　课程设计原则

在课程设计过程中，要注意把握以下三项原则。

一、灵活性原则

选取培训方法时，要选取与培训内容紧密贴合的、灵活多样的培训手段，改变刻板的教学状态，提高学员对课程的欢迎度。但要注意在促使培训方法多样化的同时，适当把握好尺度，防止过于追求形式，冲淡课程的必要内容；或者时间分配不当，让互动占据了过多的时间；或者选用方法不当，没有起到应起的作用；或者引导启发不当，使上课变成了娱乐。

二、实用性原则

本着为企业服务的思想，紧紧围绕企业的需求进行课程设计。要时刻把握企业发展的脉搏，了解培训工作的需求，了解学员的知识与能力，系统总结实际工作中可能遇到的典型事例和常见问题，尽量给出解决这些问题的可操作的方法；尽量多向学员提供面向实际日常工作的操作流程和评价标准。只有这样的培训课程才会有很强的针对性和旺盛的生命力，学员学习后才会感到"解渴"。

三、系统性原则

要针对职工培训的特点，充分考虑课程的系统性。课程设计时不但要关注传授知识的效率、知识和技能的巩固度、学员的参与程度、学员解决现场实际问题能力的提高程度，还要关注提高学员各方面的能力，包括操作能力、动手能力、解决实际问题的能力等。

第二节　课程设计要素

在设计培训课程时，在突出灵活性、实用性和系统性的同时，综合考虑课程目标、课程内容、培训教材、课程模式、培训对象、培训师资、资源配置 7 个方面的要素（见图 4–3）。

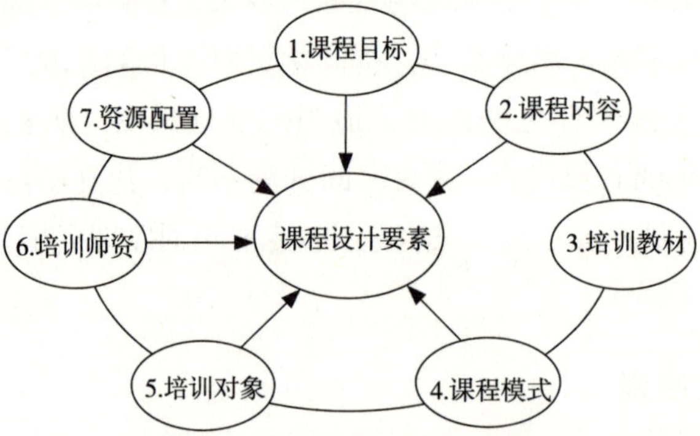

图 4–3　课程设计要素构成图

一、课程目标

课程目标是在培训课程结束时，希望学员通过课程学习所能达到的知识水平，一般依据胜任能力要求、岗位工作标准要求或现实中需要解决的问题而确定。培训课程必须有明确清晰的课程目标，培训要达到什么样的目标要在课程设定工作之前提出来，课程目标要紧贴需求，紧紧围绕培训目的而设；要准确适度，根据实际情况合理客观描述；要表达准确，叙述专业、明晰、到位，避免产生歧义；要简化具体并有具体的衡量指标。

二、课程内容

要综合考虑岗位实际需要和职工素质现状，注意选择重要性强、学习难度大、发生频率高而且学员胜任程度不够的内容作为培训的重点内容，并按照一定的逻辑关系将课程内容进行组合与合理安排。培训课程内容要与企业生产经营活动紧密相关，要能够真实反映生产经营实践要求，并适应生产经营的发展趋势。要以客观需要为目标，根据培训对象的不同选择差异性的培训内容。同时，培训课程内容要满足学员的兴趣，促使学员变“要我学”为“我要学”。

三、培训教材

教材要经过精心选择，要能有组织地将学习内容呈现给学员，提供的信息要丰富且有针对性。要提供有讲授要点的大纲，使学员对培训内容有总括性的了解，能够集中精力听讲，要改进教材或自编教材，即使教材适合课程需要，也要根据学员的不同需要进行改进，并针对不同课程的不同要求，选择或制作幻灯片、案例资料、音像资料等，形成具有综合性、直观性的教材，有助于学员的学习、消化和理解。

四、课程模式

课程模式是指课程的执行模式，即促进学员的认知发展和行为变化的教学方法。培训课程采用何种教学手段与方法，课程的时间规划、课前课后的准备、练习与考核等，都要在做课程设计时进行统筹考虑。根据职工培训的规律，培训课程应该摆脱以往单纯的讲授式，统筹兼顾课程的内容与学员的理解，引入多种灵活的互动式，让学员更多地参与，充分调动学员的学习积极性，让学习充满乐趣，提高知识的吸收量，增大能力的提高度。

五、培训对象

不能把学员作为课程内容的被动和消极接受者，要把学员需求作为主要依据，综合考虑培训对象的学习背景、学习能力、素质短板等因素进行课程设计。要针对学员心态、观念上可能存在的误区，考虑从哪几个方面进行引导；要针对学员的知识缺项，考虑主要讲授哪些理论与原理，哪些是有待于突破的重点与难点；要针对学员技能上的薄弱点，考虑进行哪些有针对性的训练，通过培训对象与课程设计的对接，增强课程培训的效果。

六、培训师资

同一个课程，不同的教师所讲授其效果是完全不同的。要根据培训对象和培训内容的需要，合理选择培训的师资。不但要具备课程需要的专业技巧，还要具备课程需要的授课经验，从而引导学员参与到课程中来，用技巧和经验引起共鸣。

七、资源配置

根据培训目标、培训内容、培训对象、培训师资等具体要求的需要，合理选择培训载体、培训教材、培训教具、场地设备等培训资源，为圆满完成培训任务提供最优化的资源。

第三节　课程设计流程

要按以下课程设计的流程，突出把握好以下6个环节。

一、学员细分

由于培训对象的素质参差不齐，需求也千差万别，因此在实施培训前要充分考虑这些因素，对症下药，避免“眉毛胡子一起抓”。一般遵循以下原则：

（一）按共性需求组班。要在深入了解、具体细分学员的素质状况和业务短板的基础上，明确区分共性需求与个性需求。按同类专业和职名（或相近职名）并具有较多共性需求的人员分类组班上课。

（二）按个性需求补课。对于共性需求以外存在的、个别人员的重要个性需求，要在统一培训课程之外，安排一对一或一对几的课外辅导补课，对其进行针对具体个性短板项点的针对性补强培训，直至掌握。尤其要对实作技能有缺陷的人员，单独组织相关实作技能的反复训练，直至熟练，使培训真正管用。

二、内容设计

要每班一策地设计培训内容，切忌一成不变、千篇一律。在培训内容设计上，一般遵循以下原则：

（一）注重基础性。要适当安排基础理论的内容、基本作业标准的内容，不断在基础上夯实，追求长远效果。

（二）注重规章性。要重点安排基本规章的学习，集中强化规章的烙印，增强规章法律意识和执规意识。

（三）注重针对性。要紧密围绕本班学员的技术业务短板，安排针对性强的培训内容；要加大案例分析的比重，通过深入的案例分析，把理论与实际联系起来，把问题和危害植入学员心里。

（四）注重实用性。要按照急用先学的原则，重点优先解决生产中的现实问题，解决学员自身存在的突出问题。

（五）注重能力性。要特别重视实作训练，特别关注技能短板的补强。实作要保持较大的比重，通过实作的强化直接体现培训效果。

三、教师选配

教师是培训活动的核心人物，优化配备教师对培训效果起决定性作用。教师的选配一般遵循以下原则。

（一）按需选配，用人之长。要针对拟培学员的短板需求，哪方面学员薄弱，就安排这方面最强的教师来教，并要随着培训内容和进度的变化，及时调整教师安排，保证每单元课程（项目）都安排这方面最强的教师。

（二）专兼结合，专家优先。要在合理用足专职教师的同时，特别用好各级各类兼职教师。从站段长、业务科长、主管工程师、车间主任、现场工程师、工班长到工人技师，只要单项业务突出，都要选聘为兼职教师。在具体单项业务培训中，需要谁培训就优先请谁培训。

（三）广纳贤才，资源共享。要注意掌握和联络本单位经验丰富的离退休专家型干部和外单位相关专业的专家，将其纳入名师库，需要时聘请任教。还要充分利用本单位以外的师资资源和远程视频网络资源，必要时通过远程视频方式组织培训，消除与优质师资之间的物理距离障碍。

四、教材确定

教材是培训质量的重要构件，对培训效果起到至关重要的作用。确定教材一般遵循以下原则：

（一）精选既有教材。要根据办班的个性需求，对既有教材以章、节为单位进行认真遴选，切忌整本搬用；要广泛综合各个同类教材中的优势内容，形成集百家之长的优化教案，把最精华、最实用的知识教给学员。

（二）多用自编教材。要针对现实需要，结合实际地重点开发和使用自编教材，增强知识的针对性和实用性。鼓励结合每个培训班学员的实际，原创出特定、特色的单项针对性培训教材。要及时将新开发的教材纳入路局"教材库"，实现全局共享。

（三）借用实用教材。要注意广泛收集同行业兄弟单位和相关行业单位开发的实用教材，根据需要充分借用到具体培训之中，增强培训的实际效果。

（四）用足案例教材。要在广泛收集、深入分析本单位、其他单位相关事故等案例的基础上，在培训中大量运用案例教学。要用鲜活生动的案例，直观解析相关基本理论和基本规章；也要重视正面案例的收集和运用，向学员传送正面的经验，帮其找到解决问题的捷径。

五、教法设计

培训教学方法对培训效果的影响很大，符合实际、灵活多样、喜闻乐见的培训教学方法，有助于提高培训质量。教法设计一般遵循以下原则。

（一）注重萃取精华。要善于对理论知识进行提炼、归纳、概括，把其中的精华部分萃取出来、呈现出来，以便于学员直接吸收掌握。要深入浅出地讲解理论知识，用学员生产实践中常见的事例，解读相关理论，促进学员消化理解。

（二）提倡说案论理。要注重架设理论知识与实际案例之间的桥梁，运用典型案例来解读理论知识，使抽象空洞、晦涩难懂的理论知识点形象化、直观化、具体化。同时，通过综述性的总结提示，使学员增强及提高运用所学理论指导实际工作的意识和能力。

（三）尽量借助教具。要结合本单位技术、设备、问题的实际，大量开发直观性的各类教具、模型、图版、图片、视频、动画等，并在培训教学中适时大量运用，有助于直观解析理论、直观解析问题、直观消化知识，增强培训效果。

（四）课件生动直观。要按照路局规定的培训中课件的使用率，精心制作、广泛采用课件教学。课件中要大量适时地插入视频、图片、图表、动画等视觉冲击力强的元素，生动直观地解说相关知识。

（五）引导互动交流。要注重充分调动学员的参与热情，结合重点、难点知识的学习，精心设计话题，组织学员围绕话题互动讨论、交流观点体会、列举实践事例、消化和升华学习效果。同时，也要引导学员提出实际工作中遇到的难点问题，组织大家群策群力研讨解决方案，综合形成优化方案，破解生产中的难题。

（六）理论实作结合。要注意防止坐而论道、本本教学，加强实作培训的比重。实作能力比较薄弱的培训班或人员，要以理论与实作交叉进行或分段进行的方式，把理论与实作结合起来，以提高实作能力。重要的和难理解的理论环节，必须安排实作演示和训练。

六、课件把关

课件质量事关培训质量，培训主办和管理部门必须予以精心指导、严格把关。

（一）把好课件使用关。原则上凡是课堂培训都要使用课件，总体上各单位课件使用率不低于一个时期课时总数的90%。

（二）把好课件内容关。认真审核知识的准确性与制作的合理性。

（三）把好课件形式关。视频、图片、图表、动画等元素使用率原则上应达到50%（特殊课程不低于30%）以上。

（四）把好课件指导关。要选派优秀的课件制作人员，帮助不能独立完成课件制作的教师，共同研究制作高质量的课件，并指导使用。

第十章 实作项目管理

实作技能是现实生产中职工技术业务素质的直接表现，是衡量培训效果的主要标准，是培训项目的主要环节。因此，对实作项目的管理十分重要。一般实作项目培训，要按照流程，重点抓好比例设计、项目设计、资源配置、考核设计等环节的管理。

本章提要

- 实作比例设计及项目设计
- 实作资源配置及考核设计

第一节 实作比例设计及项目设计

实作比例设计时，要根据培训项目的培养目标和学员的实际情况，精心设计培训中的理论与实作的各自比例。一般培训中的实作部分学时比例不低于50%，特殊培训项目也不能低于30%。

实作项目设计时，要在深入研究培训项目教学内容知识细分项点、深入分析学员技术业务短板、特别是实作能力具体短板的基础上，合理确定需要通过实作来补强知识短板的知识点，合理确定学员实作短板的细化作业环节，合理选择实作训练的具体作业项目，合理确定每个学员在相关实作环节中的攻关项点和难点。在此基础上，形成“实作培训项目指导书”，用以指导实作培训。“实作培训项目指导书”参考“教学指导意见书”的内容编制，按照“教学指导意见书”的职责编制和审批。

第二节 实作资源配置及考核设计

培训前要对相关设备、设施、人员、材料等资源的运用进行科学设计。既要优先充分利用既有的模拟实训设备，也要克服模拟设备的不足，在不影响运输生产的情况下，按有关规定办理，充分利用现场实际设备和各种必备资源进行实作培训。实作培训要选配实战经验丰富的相关技术“高手”担任实作指导教师，进行讲解、示范、指导、考核等培训。实作培训资源的配置方案，要纳入“实作培训项目指导书”。

实作考核前要提前进行考核设计，实作组织部门要根据实作培训项目的培养目标，细分作业项目的流程环节考核标准，精心设计“实作培训项目流程标准考核表”，经上级部门主管领导审批后执行。在实作培训中，由指导教师逐人、逐环节地依据“项目流程标准”进行环节和综合考评、写实，实作考核结果按合理比例计入培训总成绩。

第五篇 “流程化”模式的培训组织

第五篇

“流程化”模式的培训组织

培训组织是培训实施与质量控制的过程。为确保培训质量，对培训组织按“项目化”运作，实行“流程化管理”，努力推进“培训管理规范化，培训组织标准化”。

第十一章 培训组织的流程

明确各级各类培训的组织流程，针对不同培训项目选择相应的流程组织培训，促进培训工作的有序推进。

本章提要

- 站段培训组织流程
- 车间培训组织流程
- 班组培训组织流程
- 职培基地培训组织流程
- 实训基地培训组织流程
- 院校培训组织流程
- 远程培训组织流程
- 培训补强组织流程
- 函授教育组织流程
- 职工岗位技能竞赛组织流程

第一节 站段培训组织流程

站段按以下 20 项流程组织培训。

进行培训需求分析→制订培训计划→分批按“学员需求细分”组建培训班→确定培训班培养目标→编制“教学指导意见书”并审批→

制订培训班教学计划→培训内容设计（包括理论实作配置）→选配教师→确定教材→设计教法→教案课件指导审核→审批教学计划→组织培训→单元、专题课程教学听课检查指导→实作项目检查指导→公开课选择、指导、组织→组织理论考试与实作考核→阅卷与实作考核质量检查→培训效果评估→培训班资料的完善、整理、归档。

一、流程提示

（一）抓好需求分析。根据站段生产急需、职工急用的应知应会内容，结合职工素质现状，广泛深入地洞察和分析各方面的培训需求，及时发现，及时分析，及时针对性地进行培训。

（二）抓好计划制订。在逐级归纳、分类梳理、综合分析、找准问题的基础上，针对问题确认需求，并根据需求制订各类培训计划。

（三）抓好合理组班。培训前要充分考虑来自各方面的培训需求，在深入了解、具体细分学员的素质状况和业务短板的基础上，明确区分共性需求与个性需求，根据不同情况合理组织培训班。

二、操作范例

新职人员岗前培训组织流程。

（一）进行培训需求分析。新职人员上岗引发的需求可以用履历分析法进行分析，通过对整体人员的专业教育背景履历、素质考核履历进行分析，对应拟担任岗位的标准履历，确定培训方面的需求。

（二）制订培训计划。根据培训需求制订理论、实作、安全三个科目培训计划，各科目培训内容、培训时间、培训方式要符合铁路职业技能培训规范要求。

（三）分批按“学员需求细分”组建培训班。根据岗位标准及培训规范要求，统一组织新职人员岗前培训班。

（四）确定培训班培养目标。针对待培岗位和现场工作实际，以适应岗位作业需要作为新职人员的培养目标。

（五）编制“教学指导意见书”并审批。由职教科组织专业人员，制定新职人员培训班“教学指导意见书”，并由职教科长或主管领导审批。

（六）制订培训班教学计划。由职教科人员根据“教学指导意见书”制订培训教学计划，教学计划要符合铁路职业技能培训规范有关培训内容及时间要求。

（七）培训内容设计（包括理论实作配置）。以该新职人员拟从事的岗位要求，模块化设计理论、实作和安全的培训内容。

（八）选配教师。按照专业对口、素质适应的原则，选配理论、实作、安全培训教师。

（九）确定教材。以培训岗位基本教材为主，以路局自编适应性教材及应急处置为辅，根据培训岗位和对象选择相应的培训教材。

（十）设计教法。根据培训岗位作业技术含量及人员素质，设计理论、实作教学方法，力争做到理论联系实践，教学方式多样。

（十一）教案课件指导审核。授课教师要根据培训计划及培训教材，编制教案，制作教学课件，并由职教科长或培训主管人员进行指导并审核把关。

（十二）审批教学计划。由授课教师分别制订所教学科的教学计划，并由职教科长或培训主管人员负责审核。

（十三）组织培训。培训主管人员负责按照审批后的培训计划，组织新职人员按时参加培训，确保培训秩序和参培人数。

（十四）单元、专题课程教学听课检查指导。路局有关部门、职教科长及培训主管人员要定期进入课堂听课，检查指导专兼职教师的授课工作。

（十五）实作项目检查指导。路局上级主管部门、职教科长及培训主管人员要定期深入培训现场，检查指导实作培训开展情况。

（十六）公开课选择、指导、组织。要有重点和针对性地选择典型“示范课”，组织相关专兼职教师共同听课，相互交流和学习。

（十七）组织理论考试与实作考核。严格考场纪律，严肃理论评卷和实作考核制度，考试考核必须做到两人共同进行，并签名确认。

（十八）阅卷与实作考核质量检查。要组织人员对新职人员资格性培训考试试卷进行复核，确保评分准确。不合格试卷要推倒重来，并追究相关阅卷人责任。

（十九）培训效果评估。由路局上级主管部门或站段职教科组织，对新职人员培训班教学质量进行综合性评估，方法包括现场听课打分、向培训学员发放调查问卷、培训后由现场用人单位进行反馈等形式。

（二十）培训班资料的完善、整理、归档。新职人员资格性培训结束后，要及时做好培训资料的归档整理工作，把教学指导意见书、培训计划、教学计划、教案、教学日志、考勤表、理论和实作试卷等培训相关资料装订成册，形成完整的培训班档案。

第二节　车间培训组织流程

车间层的培训分为基础性和生产性两种类别，要分别按不同流程组织培训。

一、车间基础性培训流程

车间日常基础性培训，按以下 15 项流程组织。

研究站段下发的学习内容→制订培训教学计划→确定培训重点内容→设计培训方法→选配教师→确定教材→设计教法→指导编制教案及课件并审核→培训计划报职教科审批→组织培训→培训质量的过程检查与考核→组织考试→阅卷质量检查→培训资料的完善、整理、归档→每月向职教科上报培训资料。

（一）流程提示

1．选材要切合实际。要从站段的培训计划中选择与车间生产实际和职工岗位实际联系紧密的项点，对职工进行有针对性、实效性的培训，避免"胡子眉毛一把抓"。

2．计划要切实可行。要针对车间的工作性质及工作规律，结合实际制订车间培训计划，避免计划兑现困难。

3．阅卷要认真细致。由于车间没有专职职教人员，评阅试卷比较困难。在培训过程中要把阅卷环节作为重点，防止走形式，影响培训考试的严肃性。

（二）操作范例

车间新规章培训组织流程。

1．研究站段下发的学习内容。由车间主管职教人员组织兼职教师研究站段下发的月度培训指导计划和新规章培训内容。

2．制订培训教学计划。由兼职教师负责按照新规章培训相关要求和需培内容制订培训教学计划。

3．确定培训重点内容。根据现场职工素质状况、新规章运用要求及新规章变化项点，确定培训的重点和难点。

4．设计培训方法。根据新规章培训所需教学手段和车间教学设备设施现状，合理设计培训方法，提高新规章的培训效果。

5．选配教师。选择车间能够胜任新规章培训任务的专业技术人员作为授课教师，如车间没有能力授课，要及时向职教科申请选派其他人员到车间授课。

6．确定教材。以下发的新规章原文，特别是涉及车间工作的具体内容，作为培训基本教材。

7．设计教法。根据新规章培训需要，可采取新旧规章对照学习的方法进行，让职工明确规章变化重点。

8．指导编制教案与课件并审核。由车间主管职教人员负责，指导兼职教师根据培训内容编制培训教案、制作授课课件，并审核签字。

9. 培训计划报职教科审批。将制订的培训计划、教案和课件统一报职教科，由相关主管人员组织专业技术人员审核、批准后实施。

10. 组织培训。组织实行新规章所涉及的人员，参加新规章培训工作，在突出重点内容培训的同时，必须做到对新规章原文、全文进行学习。

11. 培训质量的过程检查与考核。由车间主管职教人员负责，对新规章培训工作进行全过程的检查，做到深入课堂听课，及时指正培训中存在的问题，并对兼职教师授课情况进行考核。

12. 组织考试。根据培训内容，制作考试试卷，组织参培人员全员进行考试，不合格人员进行补强培训并补考。

13. 阅卷质量检查。要组织人员对新规章培训考试试卷进行重新复核，确保评分准确。不合格试卷要推倒重来，并追究相关阅卷人责任。

14. 培训资料的完善、整理、归档。培训结束后，要及时进行培训资料的归档整理工作，把教学计划、教案、教学日志、考勤表、试卷等培训相关资料装订成册，形成完整的培训班档案。

15. 每月向段职教科上报培训资料。在规定时间内，及时将新规章培训资料上报职教科。

二、“车间讲堂”生产性培训组织流程

每月制订并向站段职教科上报全月各次“车间讲堂”的培训计划，每班按以下 7 项流程落实培训计划。

结合本班生产实际，确定所讲规章项目、相关作业标准和攻关项点→准备讲解提纲→在交班会上结合本班生产实际讲解→作业中组织具体攻关，并现场讲解与演示→组织班后交流体会→培训资料的完善、整理、归档→每月向职教科上报相关资料。

（一）流程提示

1. 精炼培训内容。“车间讲堂”培训内容要结合本班作业实际确定，因车间交班时间有限，准备讲解提纲时要突出重点、力求精炼。

2．合理确定载体。“车间讲堂”原则结合车间交班会进行，没有车间交班会的可结合实际自行确定培训实施载体。

3．灵活掌握项点。要针对规章项目、相关作业标准和攻关项点等内容灵活掌握培训量，交班时间紧张时讲解一项内容即可。

（二）操作范例

“车间讲堂”攻关破难培训组织流程。

1．结合本班生产实际，确定所讲规章项目、相关作业标准和攻关项点。由车间负责主持交班人员，根据本班生产任务可能涉及的规章条目、作业标准、工作难点等，提前确定攻关破难的培训项点。

2．准备讲解提纲。根据培训项点思考培训方式方法，选好切入点提前准备讲解提纲。

3．在交班会上结合本班生产实际讲解。利用交班会时机，结合生产任务布置，对需要培训的内容进行讲解。

4．作业中组织具体攻关，并现场讲解与演示。结合作业过程，采取现场指导或演示的形式，巩固和提高培训内容。

5．组织班后会交流体会。本班作业结束后，组织职工相互交流在工作过程中运用培训内容的体会，检验培训效果。

6．培训资料的完善、整理、归档。对全月各次“车间讲堂”的培训计划进行整理归档，对交班记录本保管好并备查。

7．每月向段职教科上报相关资料。每月按时上报“车间讲堂”培训计划，交班记录由本车间妥善留存。

第三节　班组培训组织流程

车间每月结合生产实际，审核各个班组制定的每班“班组学堂”的理论、实作、案例三方面培训计划和内容。班组每班按以下 8 项流程落实“班组学堂”培训。

每月制定当月各班学习内容→报车间审核→每班据实调整学习内容，选定考问对象、设计演练实作项目和人员、设计解说案例的方法→班组点名会上组织学、考→作业中组织演练→班后会组织案例讲解→培训资料的完善、整理、归档→每月向车间上报相关资料。

一、流程提示

（一）突出学习内容的实用性。因为“班组学堂”的培训对象都是一线的职工，所以在确定学习内容时要紧密联系本班组的生产特点和职工的素质现状，贴近实际确定理论、实作及案例培训内容。

（二）突出学习形式的灵活性。按照“每班学一题、考一人，每班练一项、教一招，每班说一案、防一事”的内容要求，以提高培训效果为目的，可以根据班组班制等实际灵活选择培训项点和培训形式。

（三）突出学习进度的连续性。制订学习计划时要注意连续性，做到培训内容从学到考再到案例教育形成系统，提高培训效果。

二、操作范例

“班组学堂”日常理论技能补强培训组织流程。

（一）每月制定当月各班学习内容。由车间兼职教师负责按照站段职教部门下达的月份培训计划要求，结合各班组生产岗位实际进行细化微调，增加与本车间各生产岗位联系紧密的实际必用知识，形成“班组学堂”理论技能补强培训计划。

（二）报车间审核。由车间主管职教人员对培训计划进行审核签字后，下发各班组执行。

（三）每班据实调整学习内容，选定考问对象，设计演练实作项目和人员，设计解说案例的方法。各班组长按照车间下发的培训计划，每日（班）组织实施。根据班组人员素质状况确定考问对象，根据实际情况可适当增加培训数量和考核人数；根据规章培训内容设计实作演练项目，重点突出非正常情况下应急处置流程培训；根据班组作业实际，精心选择相关案例，设计入脑入心的解说方法。

（四）班组点名会上组织学、考。由班组长利用班前“点名会”的3~5分钟时间，组织本班全体职工，以“每日学一题”的方式学一道“新题”，有针对性地调考职工一道已经学过的“旧题”，并对考核对象进行考核结果评定打分。

（五）作业中组织演练。由班组长组织对全班组人员，依据职工岗位作业标准和应急处置方法，采取现场示范或模拟操作方式，每日（班）开展一项实作培训项目，巩固和提高班组职工岗位标准化作业技能。

（六）班后会组织案例讲解。作业结束后，由班组长精心选择典型事故案例和共性的安全信息组织职工认真学习讨论，分析发生原因、研讨识别研判方法和防控措施，加强职工对本岗位安全风险意识和岗位责任意识的教育，通过解说一个案例，使职工明白能够防止什么事故，掌握预防该类型事故的方法。

（七）培训资料的完善、整理、归档。班组长在每日（班）组织的学考中，按照理论和实作的“标准答案”，对被考职工做出“评定打分”，并对每名职工学习成绩进行汇总评分，将职工“班组学堂”的考核结果纳入班组“综合考核”之中。

（八）每月向车间上报相关资料。班组长将本月完成的“班组学堂”相关资料返回车间统一保管。

第四节　职培基地培训组织流程

各职培基地按以下20项流程组织培训。

按路局培训计划提前设计项目培训方案→按路局培训电报修订方案→学习研究路局制定的“教学指导意见书”→确定项目培养目标→

制订培训班教学计划→培训内容设计（包括理论实作配置）→选配教师→确定教材→设计教法→教案课件指导审核→审批教学计划→组织培训→单元、专题课程教学检查指导→实作项目检查指导→公开课选择、指导、组织→组织理论考试与实作考核→阅卷与实作考核质量检查→培训效果评估→培训班资料的完善、整理、归档→向路局相关业务处和职教处上报相关资料。

一、流程提示

（一）选择合适教材。在教材的选择上不要拘泥于单一的书面教材，应综合多本教材内容，有针对性地编写通俗易懂、切合实际、短期见效的授课材料。

（二）合理确定比重。要依据培训职名和培训时间合理制定理论和实作培训内容，适应性培训应在理论和实作培训上突出单一方面，对作业人员的培训要侧重于实作培训，对管理人员的培训要侧重理论培训。

（三）抓好动态调整。培训流程中的每一项点均应制定对应的详细操作内容，并根据推进情况进行动态调整。

二、操作范例

货车车辆钳工规范化培训组织流程如下。

（一）按路局培训计划提前设计项目培训方案。按路局年度培训计划中货车车辆钳工的培训任务量，提前设计货车车辆钳工培训方案。

（二）按路局培训电报修订方案。按路局培训电报要求，修订培训方案中培训人数、培训日期、培训期限等具体事项。

（三）学习研究路局制订的“教学指导意见书”。组织负责本次培训的相关人员学习“教学指导意见书”中的有关要求，进一步完善培训方案。

（四）确定项目培养目标。根据《教学指导意见书》和货车车辆钳工职业标准，确定本期培训的培养目标，通过培训要使学员达到中级货车车辆钳工职业标准。

（五）制订培训班教学计划。制订货车车辆钳工培训班教学计划，根据培训标准有关规定，确定实作培训和理论培训的学时。

（六）培训内容设计（包括理论实作配置）。培训内容由理论和实作两部分组成，其中理论培训包括职业道德、专业基础知识、专业知识、安全知识等内容，实作培训围绕货车车辆检修并以以师带徒的形式进行。

（七）选配教师。按照专业基础知识、车辆构造、车辆检修等课程设置，相应选配理论授课教师和模拟实作教师。

（八）确定教材。根据培训需要，以铁路工人职业技能培训教材《货车车辆钳工》为主要培训教材。

（九）设计教法。根据培训需要，理论以讲授法为主，实作以演示法为主。

（十）教案课件指导审核。理论授课教师和实作教师要提前一周完成教案、课件的制作并交培训科审核。

（十一）审批教学计划。由培训科教学管理人员审批授课计划。

（十二）组织培训。严格按照培训计划规定的理论、实作学时组织培训。

（十三）单元、专题课程教学检查指导。对授课进度、阶段效果施行单元或专题课程教学检查指导。

（十四）实作项目检查指导。对车钩缓冲装置分解、检查、组装和转向架分解、检查、组装实作项目进行指导。

（十五）公开课选择、指导、组织。根据培训班学员结构确定、指导、组织公开课项目。

（十六）组织理论考试与实作考核。按照培考分离的原则组织理论考试，并由 2 人以上阅卷。实作考核由 2 人以上组织。

（十七）阅卷与实作考核质量检查。由培训科负责组织教学管理人员对理论和实作质量进行检查，确保公正、公平、公开。

（十八）培训效果评估。培训结束后，组织培训班学员对课程设置、授课质量等进行评估。

（十九）培训班资料的完善、整理、归档。建立培训班档案，对教案、征求意见表、摸底成绩、结业成绩、培训班总结等资料进行整理规范、及时归档。

（二十）向路局相关业务处和职教处上报相关资料。培训结束后，及时将考试成绩单、学员考勤表等资料分别报职教处和车辆处。

第五节 实训基地培训组织流程

各实训基地按以下 20 项流程组织实训。

按路局培训计划提前设计项目培训方案→按路局培训电报修订方案→学习研究路局制订的“教学指导意见书”→确定项目培养目标→制订培训班实训计划→实训内容设计→选配教师→选配并检查维护设备→设计教法→教案指导审核→审批实训计划→组织实训→相关案例回放演示→组织应急处置等模拟演练→单元实训检查指导→组织实作考核→实作考核质量检查→培训效果评估→培训班资料的完善、整理、归档→向路局相关业务处和职教处上报相关资料。（实训基地承担理论培训时，按职培基地流程进行管理。）

一、流程提示

（一）注意人身安全。实作培训一般都在现场或实训设备上进行，培训前一定要讲清安全注意事项，确保培训过程中的人身安全、设备安全和防火安全。

（二）把握教学节奏。实作培训要采取由浅入深、逐步深入的方式，特别是一些关键要领和检查项点，一定要逐人进行指导，确保真正掌握实作技能。

（三）全面全项考核。实作水平直接关系着行车安全，对所有实作项目都要逐个环节培训到位，任何项目的实作缺陷，都有可能带来作业事故的隐患。

二、操作范例

学习司机实作培训组织流程。

（一）按路局培训计划提前设计项目培训方案。路局机务处根据各机务段司机岗位人员状况，对理论考试合格的学习司机进行实作验收考前培训。机务实训基地根据实作考试项目，设计学习司机实作培训方案。

（二）按路局培训电报修订方案。机务处下发培训电报后，机务实训基地根据需培人数、培训能力、培训要求等对培训方案进行调整。

（三）学习研究路局制订的"教学指导意见书"。组织负责本次培训的相关人员学习"教学指导意见书"中的有关要求，进一步完善培训方案。

（四）确定项目培养目标。根据"教学指导意见书"和实作验收标准，确定培养目标为学员能够独立检查机车、熟练进行各种机能实验及查找故障、做好机车整备及自检自修工作。

（五）制订培训班实训计划。根据项目培养目标，确定计划培训天数，并合理分配开班式、摸底考试、学前教育、实作教学、考试、结业式的学时。

（六）实训内容设计。根据实作验收项点，实训内容安排机车检查、电器动作试验、制动机试验、钳工化等项内容。

（七）选配教师。根据实训内容选配机车检查、电器动作试验、制动机试验、钳工化实作教师。

（八）选配并检查、维护设备。做好实训用机车、电器动作实验用教具、制动机试验用教具等准备工作，并保证作用良好。

（九）设计教法。根据教学内容，采取教师示范演练、对学员手把手教、教师跟踪指导等方式组织教学，直至学员逐步达到熟练操作的程度。

（十）教案指导审核。实作教师根据所负责项目分别制定教案，并由实训基地主任审核签字。

（十一）审批实训计划。根据培训学时、培训项目、培训教师分工、培训教案等内容，形成学习司机实训计划并报机务处审批。

（十二）组织实训。做好教学管理、学员管理等各方面工作，有序组织学员进行实作训练。

（十三）相关案例回放演示。利用自习时间，在多媒体教室播放有关因机车检查漏检出库造成的事故案例和机车在运行中发生的机破案例。

（十四）组织应急处置等模拟演练。利用教学机车、电器柜教具、制动机教具进行应急故障处理演练教学，教师示范操作，学员轮流实作演练，教师逐一指导。

（十五）单元实训检查指导。由实训基地主任针对实训单元，组织有关人员抽查教师培训质量及部分学员演练情况，对实训优缺点进行讲评，促进教学质量提高。

（十六）组织实作考核。演练后按计划进行实作考试，采取教考分离的形式，两名教师一组考核学员实作质量。

（十七）实作考核质量检查。由机务实训基地主任等考委会成员，对实作考核进行全过程监督，确保公正、公平、公开。

（十八）培训效果评估。实训结束后，根据实作成绩及学员表现，对实训效果进行评价。

（十九）培训班资料的完善、整理、归档。建立培训班档案，对教案、征求意见表、摸底成绩、结业成绩、培训班总结等资料进行整理，及时归档。

（二十）向路局相关业务处和职教处上报相关资料。培训结束后，及时将考试成绩单、学员考勤表等资料分别报职教处和机务处。

第六节　院校培训组织流程

培训主办部门按以下13项流程组织送培。

各业务处认真研究路局培训计划，分析培训需求条件→向职教处提出合作院校选择建议→职教处初步确定后，与指定院校意向协商合作事项，确认培训条件→报职教处审批院校方案→起草与院校签订合作培训协议→报有关部门审核协议→职教处或委托业务处与合作院校签订协议→审核院校教学计划、实训计划、师资配备、食宿条件等→组织送培→定期培训检查→组织项目评估→收集培训班资料并归档→按培训结果付费。

一、流程提示

（一）抓好教学管理环节检查指导。要抓好理论教学质量控制，在办班过程中经常深入课堂听课，重点检查指导培训内容的正确性和针对性。要抓好实作培训质量控制，充分利用模拟演练、现场操作、现场观摩等多种培训方式提高实作培训质量，提高学员动手能力。

（二）加强学员管理环节检查督导。做好培训教学秩序的日常管理工作，重点抓好学员学习纪律、生活纪律，包括课堂笔记、课后作业完成情况等，纳入学员日常表现考核。培训主办部门在检查培训质量的同时，把检查学员学习生活纪律作为一项重点工作来抓，并将考勤表按规定如实反馈到送培单位。

（三）严格考试考核环节控制把关。由委外院校和培训主办部门双方根据教学内容，划分出题比例和类型，共同研究组成试卷，由培训主办部门负责做好保密工作。

二、操作范例

委托某技师学院对机车乘务员内燃转型电力培训组织流程。

（一）业务处认真研究路局培训计划，分析培训需求条件。根据路局某区段将要开行电力机车的发展规划，机务处在认真研究机车乘务员队伍素质结构的基础上，提出机车乘务员内燃转型电力培训需求。

（二）向职教处提出合作院校选择建议。根据机务专业培训能力和转型培训相关要求，向职教处建议由某技师学院承担转型培训任务。

（三）职教处初步确定后，与指定院校意向协商合作事项，确认培训条件。职教处根据机务处建议，与某技师学院沟通合作事项，并实地考察培训及食宿设施。

（四）报职教处审批院校方案。与某技师学院形成培训合作意向后，由职教处批准院校选择方案。

（五）起草与院校签订合作培训协议。根据培训人数、培训时间、培训费用等方面的协商情况，起草委托某技师学院进行转型培训的初步协议。

（六）报有关部门审核协议。按规定将协议报企管法律处、财务处对相关内容进行审核。

（七）职教处或委托业务处与合作院校签订协议。由职教处或委托机务处与某技师学院签订机车乘务员内燃转型电力培训协议书。

（八）审核院校教学计划、实训计划、师资配备、食宿条件等。在培训协议签订后、学员送培前，对某技师学院在教学计划、实训计划、授课教师配备、饭菜质量、住宿条件等方面的准备情况进行审核。

（九）组织送培。下发电报，按培训计划组织各机务段学员按时到某技师学院报到。

（十）定期培训检查。由机务处、职教处根据某技师学院对培训工作的具体安排，对授课质量、食宿条件提供、班主任日常管理、校园文体活动开展等项点定期进行检查。

（十一）组织项目评估。由机务处和职教处在培训结束后，对培训工作进行整体综合评估，包括教学计划、师资配备、培训实施、教学秩序、学员表现、培训结果等各方面，评估结果作为支付培训费用的主要依据。

（十二）收集培训班资料并归档。转型培训结束后，要及时做好培训资料的归档整理工作，把培训电报、培训计划、教学计划、考勤表、理论和实作试卷、评估材料等培训相关资料装订成册，形成完整的培训班档案。

（十三）按培训结果付费。将培训质量评估结果与培训费用联挂，好的支付培训费用100%，较好的支付培训费用90%，一般的支付培训费用80%，较差的支付培训费用70%。

第七节　远程培训组织流程

各培训主办部门按以下11项流程组织单项远程培训。

根据需求确定培训项目→制订培训计划→设计培训内容→选配师资→指导审查教案课件制作→部门负责人审批计划方案→下发通知→远程视频网络试验→组织培训→网络远程测评→收集培训资料并存档。

一、流程提示

（一）合理安排时间。在培训时间上要充分考虑职工交接班时间、班次等因素，合理确定培训时间，为职工参加培训提供便利。

（二）做好设备维护。要制定使用制度，加强设备设施的管理，及时进行更新和维护，确保安全性、规范性和畅通性。

（三）提高授课水平。由于远程视频的培训形式导致学员提问不方便，所以要求授课教师要尽量把知识点讲透。

二、操作范例

车站值班员新规章远程培训组织流程。

（一）根据需求确定培训项目。根据规章修改情况，将新规章中涉及车站值班员的条款确定为培训项目。

（二）制订培训计划。综合考虑新规章实行时间、培训任务量、车站值班员班次等因素制订培训计划。

（三）设计培训内容。按照规章培训有关要求，将新规章中涉及车站值班员的所有项点作为培训内容。

（四）选配师资。安排负责规章的专职教师承担授课任务。

（五）指导审查教案课件制作。由授课教师制作新规章培训教案及课件。

（六）部门负责人审批计划方案。由职教科长对新规章培训教案及课件进行审批。

（七）下发通知。确定培训时间和地点，通知沿线各站值班员按时参加培训。

（八）远程视频网络试验。提前对远程视频网络性能进行试验，保证培训过程中状态良好。

（九）组织培训。由车站负责职工教育人员组织车站值班员按时参加远程培训。

（十）网络远程测评。通过网上答题、视频监考的形式，组织学员远程考试。

（十一）收集培训资料并存档。对培训计划、考勤情况、考试成绩等整理后装入培训档案并存档。

第八节　培训补强组织流程

各培训项目主办部门按以下 9 项流程，组织对项目培训不达标人员进行补强培训。

确定需补强培训人员→分析需补强项点和原因→逐人制订个性化培训计划→与相关教师研讨补强方案→组织个性化补强培训→组织个体短板辅导→组织理论补考或实作补考→阅卷与实作考核质量检查→补强培训资料的完善归档。

一、流程提示

（一）培训对象要定准。要根据考试考核结果或日常表现，合理确定需要补强培训的人员，确保培训的针对性。

（二）培训方案要细化。要全面考虑补强培训对象的理论或实作缺陷，制订培训方案，确保补强培训收到实效。

（三）培训考核要全面。补强培训的考试考核不要放宽标准，并加强补强培训后的效果跟踪。

二、操作范例

高铁动车组司机 ATP 操作实作补强培训组织流程。

（一）确定需补强人员。根据实作考核结果，有个别高铁动车组司机列车自动防护系统 ATP 操作实作考试不及格，需要进行补强培训。

（二）分析需补强项点和原因。经分析主要是对行车模式的转换操作不准确，主要原因是没有模拟设施，平时训练不够，日常行车中实际操作机会不多。

（三）逐人制订个性化培训计划。在不及格的高铁动车组司机中，有的对目视行车模式操作不熟练，有的对隔离模式操作不熟练，分别制订培训计划。

（四）与相关教师研讨补强方案。与监控专业教师和指导司机共同研究实作补强培训方案。

（五）组织个性化补强培训。利用库内停留动车组，对目视行车模式、隔离模式操作不熟练人员，分别在动车组两端司机室进行培训。

（六）组织个体短板辅导。由专业教师和指导司机根据操作薄弱环节，有针对性地进行个体辅导。

（七）组织实作补考。在补强培训的基础上，由专业教师和指导司机组织实作补考，按实作项目考核表逐项进行重新打分。

（八）实作考核质量检查。通过抽考形式或根据日常工作表现，对实作考核质量进行跟踪。

（九）补强培训资料的完善归档。对培训计划、实作项目考核表等整理后装入培训档案，考核成绩计入高铁人员一人一档。

第九节　函授教育组织流程

对函授教育的主要环节分别按以下流程进行培训管理。

（一）招生组织 7 项流程。制订年度招生计划→报职教处审核→报院校审批→组织填表和资格审查→组织入学考试→组织录取→发录取通知。

（二）教学管理 9 项流程。根据院校教学计划制定学期教学安排→协调组织面授辅导→加强教学班管理→调查学员反馈→调整教学安排→组织考前辅导→组织考试→组织阅卷→登记分数并上报院校相关资料。

(三)学籍管理7项流程。学期初对学员注册→办理新生入学手续并收缴上缴学费→建立和补充学籍档案→对符合条件学员办理免修→办理补考手续→办理转专业、退学、毕业、结业手续→集中时期学员管理。

(四)教材管理5项流程。根据教学计划制订学期教材购置计划→函授站长审批→购置教材→开学后发放教材→调整补发教材。

(五)论文答辩9项流程。与院校协商确定毕业设计(论文)方向目录→向学员提供毕业设计(论文)参考方向→指导学员选题、选指导教师→组织开题→协调毕业设计(论文)指导→组织结题审核→组织毕业设计(论文)答辩→协调毕业发证事宜→组织毕业式并发毕业和学位证书。

(六)项目评估2项流程。组织项目评估→确定修正意见。

一、流程提示

(一)明确工作责任。路局职教主管部门会同有关业务系统负责全局职工函授教育的组织领导工作，局函授站具体负责实施和完成各项流程的具体工作。

(二)加强基础管理。根据职工函授教育职责分工，由责任主体做好招生组织、教学管理、学籍管理、教材管理、论文管理、项目评估等各项工作的基础资料整理建档工作。

(三)进行合理分工。根据学员分布情况，在比较集中的站段或地区可设立教学点，指定相关站段职教部门按主办院校和局函授站要求，承担本站段或地区学员的组织管理职能。

二、操作范例

某交大函授学历教育招生组织流程。

(一)制订年度招生计划。由局函授站根据路局年度职工培训计划以及某交大的年度招生计划，结合各站段实际情况制订本年度招生计划。

（二）报职教处审核。由局函授站制订招生计划后，上报职教处，由职教处主管处长进行审核。

（三）报院校审批。招生计划经过职教处审核批准后，由局函授站负责招生工作的人员报到某交大进行审批。

（四）组织下发招生电报。招生计划通过某交大审批合格后，由职教处统一下发招生电报，确定招生工作的各项细节内容。

（五）组织填表和资格审查。由局函授站及各站段教学点教师组织学员报名填表，并集中交由局函授站进行参加报名学员的相关资格审核，审核内容包括年龄、从事工作、学历基础认证等。

（六）组织学员进行考前辅导。学员通过局函授站的报名资格审核后，由函授站以及各站段教学点教师统一组织需要参加入学考试的学员进行考前辅导。

（七）组织入学考试。局函授站组织学员在函授站和各站段考点参加某交大新生入学资格考试。考试过程中做好考场布置、监考人员调配、试卷审阅各项工作，保证成绩真实有效。

（八）组织录取。由局函授站组织对通过报名资格审查并且入学考试合格的学员进行录取。

（九）发放录取通知书。局函授站将相关录取信息报往某交大后，向被录取的学员发放由某交大统一颁发的录取通知书和学生证。

第十节　职工岗位技能竞赛组织流程

各级竞赛主办部门按以下 16 项流程组织开展职工岗位技能竞赛。

根据职工队伍状况确定开展时机→依据生产和技能补强需要确定竞赛项目→设计审批公布竞赛方案→提报审批经费预算→会议文件全

面部署→开展基层群众性赛前演练（或选拔赛）→制定各项竞赛规则→制定各职名项目评判标准→选聘各专业裁判员→配置竞赛必需的各类资源→分析风险并制定保证安全竞赛的各项措施→部署安全防控→分专业工种组织竞赛→依据裁判结果评选获奖选手→进行总结表彰→推广优秀选手的经验成果。

一、流程提示

（一）准备工作要全面。要做好场地、工具、人员等各方面的准备工作，要通过层层选拔评选、推荐参赛选手，要为选手参赛提供便利条件和支持。

（二）竞赛规则要严谨。要制定详细的理论、实作竞赛规则，明确各项目的裁定评判标准，做到全面细致并严格遵照执行，防止竞赛结果出现争议。

（三）组织过程要周密。参赛选手名单上报后，无特殊情况不得改变。竞赛中出现设备、工具等技术问题和突发事件时，及时按程序上报处理。竞赛后要通过表彰、奖励和宣传，形成比、学、赶、帮、超的热潮。

二、操作范例

路局职工岗位技能大赛组织流程。

（一）确定开展时机。根据职工队伍状况，分别确定举办竞赛开幕仪式、组织各职名岗位技能竞赛和竞赛闭幕式的时间。

（二）确定竞赛项目。依据生产实际和技能补强需要，确定车务、机务、供电、工务、电务、车辆、客运、货运、调度等系统各职名竞赛项目。

（三）公布竞赛方案。对竞赛流程、竞赛组织分工、竞赛实施安排进行设计，形成路局职工岗位技能大赛方案，报主管领导审批后公布。

（四）提报审批预算。进行竞赛准备、竞赛组织、表彰选手等费用预测，提报审批经费预算。

（五）进行全面部署。赛前以文件形式制定下发《铁路局、局党委关于举办全局职工岗位技能大赛的通知》，对竞赛进行全面部署。

（六）开展赛前选拔。分系统从班组层、车间层、站段层，按竞赛职名逐级组织全员竞赛，按名额进行路局级参赛选手选拔。要求参赛选手职名与竞赛项目职名必须相符，并且在上一年获得过路局本职名第一名的选手不得参加竞赛。

（七）制定竞赛规则。根据竞赛需要分别制定赛场规则、理论竞赛规则和实作竞赛规则。

（八）制定评判标准。确定各职名项目打分标准、裁判员规则和成绩评定规则。

（九）选聘专业裁判。分系统下发电报，根据竞赛职名抽调本系统胜任人员担任裁判员。

（十）配置竞赛资源。根据竞赛场地需要，分别设置主赛场和分赛场，并提前做好赛场布置。组织好竞赛用机车、车辆等设备设施，做好裁判用具、选手工具等物品准备。

（十一）制定安全措施。分析竞赛中可能出现的安全风险，分别制定实作安全注意事项、人身安全注意事项等各项保证安全竞赛的措施。

（十二）部署安全防控。对竞赛场地可能危及人身安全的处所进行防控，如地沟加设防护盖板、天吊关闭电源等，并在关键地点设置安全防护员。

（十三）分项组织竞赛。由各业务处具体负责，分专业工种组织各职名竞赛。各系统竞赛结束后，向竞赛组委会办公室提报参赛人员成绩及竞赛总结。

（十四）评选获奖选手。根据各系统参赛人员理论和实作成绩，按名次进行优胜选手评选。

（十五）进行总结表彰。以文件形式下发《关于表彰全局职工岗位技能大赛优秀单位和优秀选手的决定》，并召开表彰大会进行大张旗鼓的表彰。

（十六）推广经验成果。通过制作竞赛活动展板，展示获奖选手的风采；利用局内各种刊物，交流获奖选手的经验工作法；通过局电视台、铁道报等载体宣传获奖选手的学技练功事迹。

第十二章　学员管理流程控制

要明确科学合理的学员管理每项流程和学员管理每日流程，以流程为主线，抓好培训项目的学员管理和学员日常管理。

本章提要

- 学员管理每项流程
- 学员管理每日流程

第一节　学员管理每项流程

按以下16项流程实施培训学员管理。

根据每班特点，逐期完善针对性的学员管理制度→食、宿、学条件准备→选定班主任→拟定党团班委会等组织组成方案→组织有秩序报到→开班仪式搞动员、讲制度、提要求→逐班组织学员座谈表态→组建党团班委会等组织→持续按制度抓好学员管理→每日交班会总结分析部署学员管理→动态掌握学员思想及学习生活情况→及时有针对性地解决问题→对学员进行动态考核→举办结业式→组织学员返程→整理学员考核情况归档并反馈所在单位。

一、流程提示

（一）过程安排细致。拟定培训电报时要详细说明培训时须携带的相关物品、证件和其他注意事项，避免中途影响培训。

（二）抓好纪律约束。开班动员时要讲明就餐、住宿、请假等各项制度和纪律，对违反规定的学员要严肃处理，处理过程要公开透明。

（三）实行联挂考核。学员结业考核时要将考试成绩与日常表现相联挂，规范学员日常行为的约束。

二、操作范例

电工资格性培训班学员管理流程。

（一）根据每班特点，逐期完善针对性的学员管理制度。根据电工资格性培训的特点，分别制定就餐、就寝、考试考核制度。

（二）食宿学条件准备。与食堂沟通确定三餐伙食标准、就餐时间和就餐人数，根据培训人数及性别分配住宿房间，并准备好相关备品。

（三）选定班主任。根据培训对象的组成，选择电工专业教师作为班主任。

（四）拟定党团班委会等组织组成方案。根据电工班学员中党、团员分布情况，分别拟定党支部、团支部和班委会组成方案。

（五）组织有秩序报到。制作报到登记本，由班主任组织学员报到并登记。

（六）开班仪式搞动员、讲制度、提要求。由培训部门领导、班主任、相关宿舍管理、食堂管理人员参加开班仪式，进行开班动员并讲制度、提要求。

（七）逐班组织学员座谈表态。围绕培训目标、培训安排和培训纪律，组织学员开展座谈并表态发言。

（八）组建党团班委会等组织。选取组织能力强、自我约束力强、有威信、乐于服务的学员组成党支部、团支部和班委会。

（九）持续按制度抓好学员管理。按照相关制度做好学员出勤、课堂秩序、就餐秩序、考试考核等各项管理工作。

（十）每日交班会总结分析部署学员管理。每日召开交班会总结分析学员管理中的问题，部署学员管理具体事项。

（十一）动态掌握学员思想、学习、生活情况。要随时掌握学员在培训期间的表现，并及时与学员所在的站段或车间进行沟通，共同做好学员管理。

（十二）及时、有针对性地解决问题。提前做好突发事件的处理预案，及时、有针对性地做好学员发病、打架等突发事件的应急处理。

（十三）对学员进行动态考核。通过结业考试与学员日常表现相结合的方式，做好学员的动态考核。

（十四）举办结业式。举行结业式，对整个培训过程进行讲评，并安排发布结业成绩、评比优秀学员等具体事项。

（十五）组织学员返程。统计好学员返程时间，有序组织学员返程，对外地学员要集中做好返程票的预订。

（十六）整理学员考核情况，归档并反馈所在单位。对学员考勤、考试、考核等资料进行归档，并将培训考核结果向学员所在单位反馈。

第二节　学员管理每日流程

按以下 11 项流程实施学员每日管理。

组织统一起床→组织早操→早餐就餐秩序管理→召开每日交班会总结分析部署学员管理→上午教学秩序管理→午餐就餐秩序管理→下午教学秩序管理→晚餐就餐秩序管理→禁止外出饮酒等重点事项管理→晚自习管理→就寝秩序管理。

一、流程提示

（一）抓住关键环节。在学员管理每日流程中，要突出抓好就餐管理环节，防止学员之间及学员与食堂之间产生矛盾。晚餐时不但要抓好就餐秩序，还要注意就餐人数，防止学员外出饮酒。

（二）严肃培训纪律。日常要严肃培训纪律，夜间要安排值班人员进行检查和抽查，规范学员行为，保证培训顺利实施。

（三）掌握动态信息。每天要检查早操、出勤、课堂、自习等纪律情况，随时掌握学员动向，防止疏于管理影响培训质量。

二、操作范例

升级学历班学员管理每日流程。

（一）组织统一起床。统一打铃组织学员起床，并按要求做好宿舍内务整理及卫生清扫工作。

（二）组织早操。由班委会组织学员出早操，培训部门检查早操情况，核实出操人数。

（三）早餐就餐秩序管理。由值班干部、班委会成员和食堂工作人员共同做好早餐就餐秩序管理。

（四）召开每日交班会，总结、分析、部署学员管理。每日召开由部门负责人、班主任、相关管理人员参加的交班会，分析学员管理存在的问题与不足，部署当日管理工作。

（五）上午教学秩序管理。由相关管理人员检查学员上午出勤情况和课堂秩序。

（六）午餐就餐秩序管理。引导学员有序就餐，由班主任等相关管理人员、班委会成员和食堂工作人员共同维护就餐秩序。

（七）下午教学秩序管理。由相关管理人员检查学员下午出勤情况和课堂秩序。

（八）晚餐就餐秩序管理。由值班干部、班委会成员和食堂工作人员共同做好晚餐就餐秩序管理。

（九）禁止外出饮酒等重点事项管理。值班干部注意检查晚餐后学员外出情况，严格禁止饮酒、上网吧等行为。

（十）晚自习管理。由值班干部检查晚自习出勤人数和课堂秩序。

（十一）就寝秩序管理。由值班干部检查核实宿舍学员人数，督促按时熄灯就寝。

第十三章　流程管理控制机制

在明确各项培训流程的基础上，确定各环节质量标准，制定各环节流程控制具体措施，建立培训项目流程图，实施全过程的环节质量控制，形成贯穿培训全过程的流程管理控制机制。

本章提要

- 设计“流程质量标准”
- 建立培训项目“流程图”
- 实行流程“环节质量”机制控制

第一节　设计“流程质量标准”

在每项培训实施前，都要结合单位实际和具体培训班实际，按照相关培训环节的具体要求和路局下发的《培训流程质量标准指导意见》，对相应“培训组织流程”和“学员管理流程”，逐个环节地细化制定具体的“流程质量标准”。培训实施中，按“流程质量标准”精心指导、严格控制各个流程环节的工作质量。并按照各个流程环节的“流程质量标准”，具体分析各类影响因素的实际状况，准确预测可能发生的质量等问题，借鉴“定型”措施，具体设计针对实际问题的控制措施，明确具体事项的责任分工，规定协调配合的具体要求，将其纳入“流程图”实施具体环节控制（见图 5-1）。

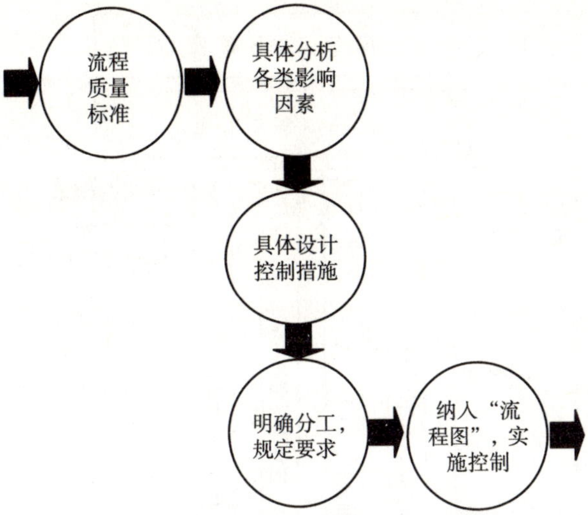

图 5-1 流程环节质量机制控制图

第二节 建立培训项目"流程图"

依据具体培训项目的"培训组织流程"和"学员管理流程"，按照"网络图"结构，建立项目教学和学员管理的"流程链条"（既可分设，也可合一），在逐个"流程节点"（环节）植入相关"质量标准"；预测各"节点"可能发生的质量问题，制定并植入相应质量控制"措施预案"；明确项目推进责任人、指导考核责任人、领导责任人；向主管领导报批（站段报主管站段长、职培基地报主任、实训基地报托管站段主管站段长、委外培训和函授教育报职教处）。车间、班组培训"流程图"由站段职教科一次性逐车间制作"通用模型"，经主管站段长审批后，供车间、班组每班"套用"使用；远程培训、补强培训由主办部门一次性制作"通用模型"，经部门主管领导或部门负责人审批后，每次"套用"使用。

培训项目"流程图"如图 5-2 所示。

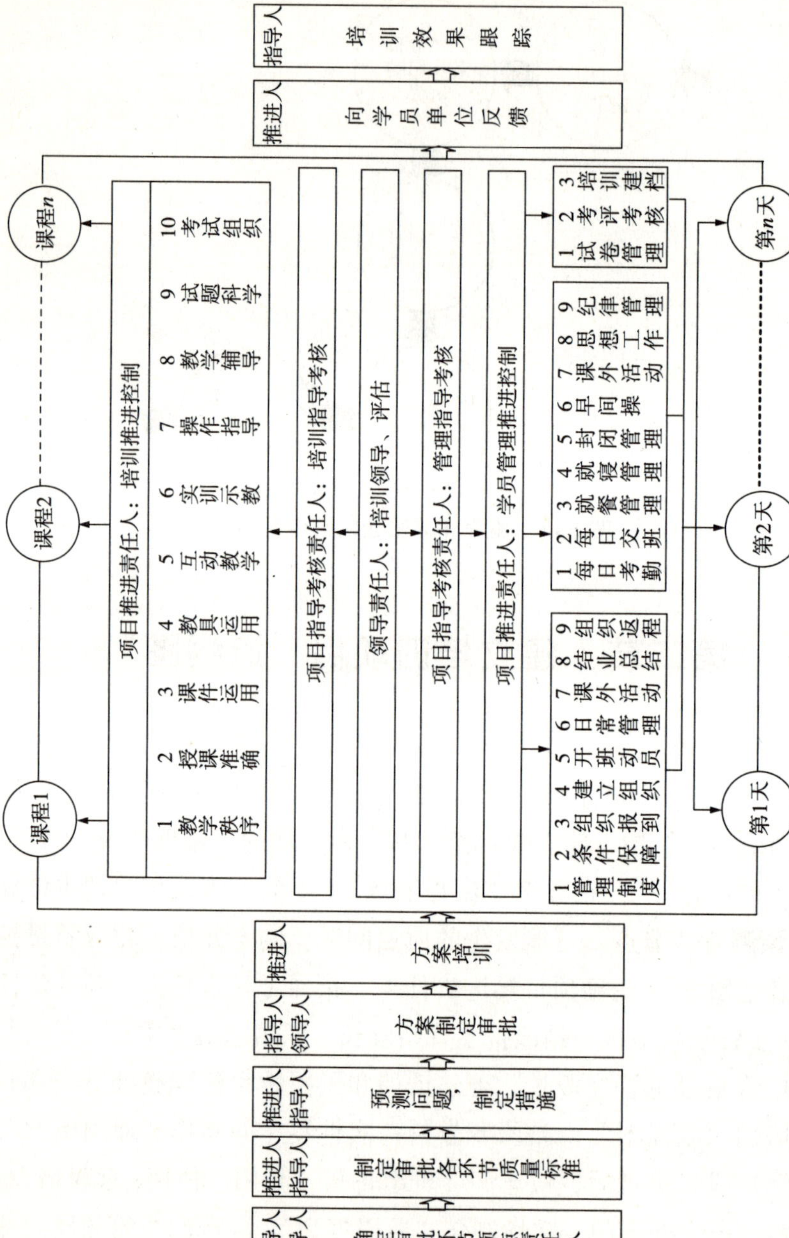
推进人
指导人
设计审批流程结构环节
指导人
领导人
确定审批环节项点责任人
推进人
指导人
制定审批各环节质量标准
推进人
指导人
预测问题，制定措施
指导人
领导人
方案制定审批
推进人
方案培训
课程1
课程2
课程n
项目推进责任人：培训推进控制
1 教学秩序
2 授课准确
3 课件运用
4 教具运用
5 互动教学
6 实训示教
7 操作指导
8 教学辅导
9 试题科学
10 考试组织
项目指导考核责任人：培训指导考核
领导责任人：培训领导、评估
项目指导考核责任人：管理指导考核
项目推进责任人：学员管理推进控制
1 管理制度
2 条件保障
3 组织报到
4 建立组织
5 开班动员
6 日常管理
7 课外活动
8 结业总结
9 组织返程
1 每日考勤
2 每日交班
3 就餐管理
4 就寝管理
5 封闭管理
6 早间操
7 课外活动
8 思想工作
9 纪律管理
1 试卷管理
2 考评考核
3 培训建档
第1天
第2天
第n天
推进人
向学员单位反馈
指导人
培训效果跟踪

图 5-2 培训项目"流程图"

第三节 实行流程“环节质量”机制控制

对培训项目的“培训组织流程”和“学员管理流程”的推进全过程，实行以下“环节质量”控制机制。

一、流程推进管理

各项目推进责任人，要严格按照项目“流程图”组织培训流程推进，严格按照各“节点”（环节）质量标准操作。一旦发现问题要及时向指导考核责任人汇报，并及时按标准调整处理。

二、流程节点指导

各指导考核责任人，要按“流程图”特别是各“节点”质量标准，对分管项目的各个流程“节点”予以深入指导考核，及时调整节奏、纠正偏差。

三、节点质量考评

各指导考核责任人，要依据各“节点”质量标准，对流程推进全过程实行“节点”考评，积累考评结果。

四、流程要素修正

流程的推进、指导考核、领导责任人，都要及时掌握流程推进中出现的各类问题，组织深入分析，查找流程人员、标准、措施、资源、结构等流程“要素”的缺陷，及时妥善地予以调整修正，确保流程健康推进。

五、流程综合考评

在流程推进的中间和结尾两个阶段，流程领导责任人，要组织指导考核责任人、推进责任人等相关人员，对流程管理进行阶段性综合考评，考评结果按合理比例纳入项目评估。

第六篇 “流程化”模式的师资建设

第六篇

“流程化”模式的师资建设

师资建设在职工教育工作中处于关键地位，决定着培训的质量和水平。要通过优化师资配置、打造“三师”和教学示范加强师资队伍建设，不断提高师资队伍的授课能力和教学水平，促进职工培训效果的提升。

第十四章　师资配置

根据职工培训的实际需要，合理配置主体专业理论师资、主体专业实作师资和非主体专业师资，并通过实行准入与退出等手段，做好任职资格把关，促进授课能力和教学水平的提升。

本章提要

- 主体专业理论师资配置
- 主体专业实作师资配置
- 非主体专业师资配置
- 准入与退出

第一节　主体专业理论师资配置

按照覆盖全面、一专多能的设置原则，综合考虑专业教育背景、职业技能等级、一线工作经历、专业实作技能、实际示教能力和人员储备情况，择优配置主体专业理论师资。

一、编制设置

（一）专业覆盖全面。各基层站段、培训基地、实训基地，要按有关文件和劳动人事部门定编的要求，按职工总人数比例配齐配全主体专业教师和技师，确保本单位工作性质所涉及的专业全面覆盖。

（二）体现一专多能。专业理论教师的配备要本着一专多能的原则，选拔复合型的人才充实教师队伍。专业教师既要能教专业课，又要能教专业基础课，还能承担专业管理课和与本专业相近的课程。

二、择优配备

（一）专业教育背景。各单位配备专业教师人员时，应在具备本系统本专业大专及其以上学历人员中选拔。

（二）专业技术职称。按照职教岗位相关要求，专业教师应取得中级及其以上专业技术职称。

（三）专业工作履历。具有现场生产、管理 3 年工作经历，最好担任过车间级及以上兼职教师，熟悉本单位生产主要工种的作业程序、技术标准、质量及安全有关要求。

（四）实际教学能力。要对本系统专业所开课程全面掌握，具有一定的组织管理能力和流畅的语言表达能力。对本专业教学和现场设备比较熟悉。

（五）后备人员储备。要按照专职教师任职资格，根据新设专业、新上设备等情况，做好教学后备人员的储备，特别是要依据新线开通等情况，预先做好相关专业师资储备工作。

第二节　主体专业实作师资配置

要按照主要工种设编、其他工种兼职、实行待遇倾斜的设置原则，综合考虑专业背景、技术职称、工作履历、教学能力和人员储备情况，择优配置主体专业实作师资。

一、编制设置

（一）主要工种设技师编制。各站段、培训基地、实训基地要根据本系统专业实训的要求，确定选拔标准和条件，对主要工种配备专业实训教师或技师。

（二）其他工种实行兼职。其他工种实训教师或技师，可由主要工种实训教师或技师兼课，或选择胜任兼职教师担任。

（三）实行待遇倾斜。要提高主体专业实作教师或技师的待遇，兼课津贴可根据室外作业的实际情况给予一定倾斜。

二、择优配备

（一）专业教育背景。主体专业实训教师或技师，必须具有本系统本专业的中专及其以上学历，具有初级及以上技术职称或工人技师、高级技师资格。

（二）职业技能鉴定等级。通过职业技能鉴定，专业考核达到技师或高级技师水平，最好是在局级以上技能大赛中取得优异成绩的获奖人员。

（三）专业一线工作履历。从事现场生产或管理工作 3 年以上，熟悉本单位生产主要工种的作业程序、技术标准和安全要求。

（四）专业实作技能。具备一定操作技能，熟练掌握主体专业主要工种相关作业技能。

（五）实际示教能力。熟练操纵现场设备和实训设备，能够通过演示和指导等形式进行示范教学，并且具有一定的组织、管理和沟通能力。

第三节　非主体专业师资配置

按照覆盖重要工种、多元化兼职聘任、队伍相对稳定、保证相关待遇的原则，做好非主体专业师资的配置。

一、覆盖相对重要工种。要根据工作性质和专业特点，按照覆盖相对重要工种的原则，做好非主体专业和非专业课教师的配备。

二、实行多元化兼职聘任。非主体专业和非专业课教师的配备人数不宜过多，要尽量少配，实行多元化兼课聘任制，可以聘用管理干部和车间兼职教师兼课，也可以本着一专多能，选用有能力胜任非主体专业的专业教师任课。

三、保持队伍相对稳定。要根据非主体专业培训任务量，科学确定非主体专业和非专业课教师的配备人数。并充分挖掘发挥兼职教师作用和能力全面的专职教师，担任非主体专业教学任务，保证师资力量相对稳定。

四、保证相关待遇。要保证非主体专业培训人员的待遇，对兼任非主体专业课的管理干部、中层干部、领导干部或专业课教师要按规定支付津贴。

第四节　准入与退出

通过综合绩效评估的方式，对职教人员进行资格把关和负向激励，有力促进职教队伍能力素质的提高。

一、实行综合绩效评估

结合年度考评，逐人听课、评课，并结合日常工作表现、示范课质量、教学评估等情况，对教师进行综合绩效评估。

二、建立准入和退出机制

制定职教干部准入退出机制，对考核不达标者实行“离岗培训”，仍不达标者进行“补强培训”和“资格鉴定”，再不达标的实行“退出”。新调入职教系统的干部，都要经过职教处组织的“资格鉴定”，合格者方准调入。

三、培训期管理

考核不达标的职教干部，由管理部门负责组织“离岗培训”，培训期间不得承担任何授课任务，同时不享受任何形式兼课津贴。

四、资格鉴定

考核不达标的职教干部经“离岗培训”和“补强培训”后，由管理部门采取听课、试讲、测评等形式进行资格鉴定，如再不达标则退出职教干部队伍。

第十五章　打造“三师”

为加强生产作业复杂企业的技能型职工培训，需要教师同时兼具讲师、工程师、技师的素质能力，因此，要特别加强教师队伍的“三师”建设。

本章提要

- 教师轮训
- 教师轮岗
- 教师现场调研

第一节　教师轮训

教师轮训就是通过轮流组织师资送专业院校、职业技术学院、综合院校培训，或在职培基地、实训基地、运输站段之间组织轮训，不断提高教师队伍的整体素质，满足企业发展对师资队伍的要求。

一、轮训周期

站段专兼职教师每2年送职培基地轮训一遍；基地教师每2年送院校等轮训一遍，并对全体职教人员实行定期业务学习、定期培训教师、定期专项交流、定期专项联检的“四定期”日常培训。

二、送培途径

以专业院校、职业技术学院、综合院校为依托组织师资轮流送外培训，同时在职培基地、实训基地、运输站段之间组织轮训。

三、项目选定

坚持以现实需求和长远需要相结合，本着“缺啥补啥”的原则，培训部门要有针对性地制订教师送培计划，重点从增强专业技术本领、拓宽高新技术领域、提高教育教学水平、加强安全风险教育等方面入手，达到专业理论课补牢、实作技能课补强的目的。

四、培训考核

路局根据各单位提报的送培需求，明确目标、分解任务、确定培训指标，严格师资培训工作的过程控制和跟踪管理，加强对教师出勤、纪律、学习、质量等方面的考核，开展好教学检查、督导和评估活动，并根据培训考核结果对受培教师作出奖励或处罚。

第二节 教师轮岗

教师轮岗是指站段教师与基地教师有计划地交换工作岗位，定期进行挂职锻炼、职位轮换、岗位交流。其目的是通过站段专兼职教师与基地教师岗位角色的互换，提高现场岗位作业技能和专业课堂教学能力，逐步建设一支素质能力全面的复合型师资队伍。

一、轮岗教师范围

轮岗教师范围为站段专、兼职教师，培训基地和实训基地的全体教师及部分教学管理干部。

二、轮岗交流周期

专职教师通过挂职锻炼、岗位交流等方式，每3年相继轮换一遍；兼职教师实行动态选聘管理，聘期一年，不达标者随时解聘。基地教师每年要有不少于1个月的时间在现场挂职锻炼；站段教师每年要有不少于1个月的时间在基地挂职锻炼。

三、渠道对象选定

以基地、站段职教科、现场车间班组为交流渠道，以专兼职教师及部分教学管理干部为轮岗对象，选择适当时机开展好不同渠道、不同对象的轮岗工作。

四、轮岗锻炼任务

基地教师通过到运输现场挂职锻炼，逐步达到技师、高级技师的技能水平；站段专兼职教师通过到基地挂职锻炼，逐步达到讲师的授课水平，全面强化“三师”能力，体现一职多能，努力向“三师”型师资队伍迈进。

五、轮岗人员管理

轮岗人员分为转换身份、保留身份两类人员，实行过程考核、效果评估，轮岗期满根据评估结果确定返回原岗、继续轮岗、就地定职。

第三节　教师现场调研

抓住目标设计、人员选派、调研周期、内容设计、结果考核等关键环节，综合考虑师资队伍的素质结构和现场变化，有计划地组织好教师现场调研活动。

一、目标设计

在目标设计上既要设计综合目标，又要设计具体的单项目标。要将工作需要与本人实际有机结合，既要适度拔高，又要符合实际；既要具体到操作层面，又要规定具体量化指标。

二、人员选派

路局要有计划地组织和选派站段专职教师、职培基地教师、实训基地教师深入到生产现场开展调研活动。人员的选配既要考虑现实需要，又要兼顾发展需求；既要注重工作需要，又要兼顾个人发展；既要保证正常工作运转，又要兼顾达到调研效果。

三、调研周期

遇有新技术、新设备、新规章、新工艺等方面的变化时，要及时组织调研。日常可结合轮训轮岗时机开展调研。

四、内容设计

要根据运输现场的最新发展需求和规划，结合现场作业中的新技术、新标准、新问题、新方法，确立调研活动攻关课题，进行目标分解和内容设计，突出调研内容的全面性、准确性、针对性和实用性。

五、结果考核

调研结束后，每位教师要认真撰写现场调研报告，并交职教管理部门进行审核。职教管理部门要定期组织召开现场调研经验交流会，对在调研活动中表现突出、成果显著的教师给予表扬和奖励；对在调研活动中弄虚作假、走形式、走过场的教师给予批评。

第十六章 教学示范

通过开展公开课的形式组织教学示范，通过名师名课的形式开展教学评比，促进专兼职教师教学质量和授课能力的提升。

本章提要

- 公开课
- 名师名课

第一节 公开课

分基层和路局两个层面，逐级组织观摩、评课和说课。

一、基层公开课

站段、培训基地、实训基地，要每月组织部分专兼职教师讲“公开课”，组织全体专兼职教师进行观摩、评课、说课，促进教学质量提高。

二、路局公开课

路局职教处每季度择优选取各站段、培训基地、实训基地中的优秀“公开课”，以网络视频形式，组织各基层单位的专兼职职教人员观摩、评课、说课，进行典型示范教学。

第二节　名师名课

通过组织开展基层级示范课和路局级精品课评选，逐级进行教学评比，打造精品课程，建设名师队伍。

一、基层级示范课

站段、培训基地、实训基地，根据“公开课”评课打分结果，评选出基层级“示范课”，评选结果纳入本人“考核积分”，优秀“示范课”的视频推荐参加路局“公开课”评选。

二、路局级精品课

路局季度通过路局“公开课”评选出“精品课”，评选结果纳入本人“考核积分”，年度2次评为“精品课”的教师，授予“路局名师”称号。并且每半年组织其中优秀教师，对“精品课”再进行加工完善，打造“名课”，视频纳入“名课库”，在全局“远程示教”。

第七篇　“流程化”模式的教材与教辅开发

第七篇

“流程化”模式的教材与教辅开发

教材、课件、题库、教具等资源，是重要的培训教学和教学辅助工具，对教学质量起着至关重要的作用。针对性地开发特色教辅资源，对提高教学质量意义尤为重大。

第十七章　教材开发

职工培训教材是职工岗位所需知识技能的具体体现，是实现培训目标的有效载体，是开展职工教育培训工作、实施日常培训的重要学习工具，在职工教育培训中发挥着不可代替的重要作用。培训教材的质量直接影响培训工作的质量，使用高质量的培训教材是提高培训水平的重要前提，是完成培训工作的重要基础。加强培训教材开发是强化职工教育培训工作、全面提高培训质量的重要举措。

本章提要

- 站段开发攻关性教材
- 基地开发专题性教材
- 路局开发综合性教材
- 教材审定组织

第一节　站段开发攻关性教材

站段要每季度按照路局的具体要求，及时针对生产中的疑难问题组织攻关，设计开发解决现实问题的针对性教材（课件），经有关部门审定后进行针对性培训。

一、选题突出针对性

站段教材开发选题时要突出针对性，侧重围绕重点问题、难点问题、弱项组织开发。要根据季节性变化和施工需要，对可能出现的疑难问题确定攻关课题，进行调查、分析、研究，确定解决问题方法和防范措施，有针对性地进行教材的编制。要在新技术、新设备、新工艺、新规章使用前，根据技术设备特点和内容变化确定攻关课题。要针对薄弱环节和安全控制点，研究防范薄弱环节的方法和措施，系统性地编制教材。

二、形式体现多元性

根据生产作业特点，把岗位作业人员划分为不同类别、岗位，每个岗位设定不同的技术等级，根据每个技术等级应知应会的内容，确定培训标准，组织人员开发适用教材。做到内容符合培训时间的要求，要少而精，对现场工作具有指导作用。同时，要创新教材形式，适应模块化教学要求，运用现代信息技术，研究和创新教材的内容和形式，规划开发多媒体教材和模拟仿真课件，实现教学课件、视频短片、图片多种介质的立体化融合，增强培训教材的知识性和生动性。

三、内容把握实用性

要坚持继承与创新相结合，以职工知识能力的提高为目的，以职业能力为核心，以岗位工作为导向，及时填补现场大量应用的新技术、新设备、新规章、新工艺等有关内容，为全面提高职工的职业技能奠定基础。培训教材的选材要全面，教材内容的组织应多样、生动。要体现教材的实用价值，做到有利于促进铁路发展，有利于学员探究掌握。要充实具体，不论是本专业知识的拓展延伸，还是专业外知识的补充完善；不论是对职工进行思想道德教育，还是对职工知识技能的培养，都应该有具体的内容、生动的事例。要紧贴实际需要选择基础知识和技能方面的内容，使职工能够学以致用。

第二节 基地开发专题性教材

职培基地、实训基地要每季度按照路局的具体要求，结合运输生产重点工作的培训需求，及时组织设计开发各类专题性教材（课件），经有关部门审定后，采取直接培训和网络共享的方式使用。

一、系统性开发

在认真了解运输生产培训需求的基础上，组织专兼职教师分专业、按工种编写综合性的规范化培训教材。要建立健全的教材及课件开发组织机构，有组织、有计划、有目标地开展工作，充分发挥专业优势，认真调研，精心组织，汇集责任心强、专业能力强的教师承担开发任务，在内容上注重实际、实用、实效和超前性，确保在一定时间范围内具有较强的使用价值。

二、针对性开发

组织专业技术过硬、教学经验丰富、具备现场经验的骨干教师，根据运输生产中的倾向性问题和专业重点知识，进行有针对性的教材开发。例如研发某一专项新设备的使用、维修、故障处理的课件，研发某一项新技术的普及和推广的课件，以及各行车专业非正常情况下设备故障应急处理能力的专题课件等。在内容上注重有针对性地提高受培人员能力的培养。

三、多元化开发

在教材开发过程中，要体现内容和形式的多元化。在教材开发类别上，不但要加强主体专业类教材的开发，还要向开发安全警示教育类、管理知识类、非行车工种类等方面拓展。在教材形式上，不但要有规范的纸质教材，还要通过图片、多媒体、视频等多种形式，不断丰富培训教材资源。

四、合作化开发

在某一专业不具备独立开发教材和课件的能力时，可以积极走合作开发的渠道。通过基地之间的合作、基地和站段的合作、基地和院校的合作等方式，相互借鉴、取长补短，共同开发出高质量、有应用价值的培训教材。

第三节　路局开发综合性教材

职教处要每年根据全局培训重点工作需求，超前组织重点综合性教材的集中开发，经有关部门审定后出版发行使用。

一、组织各级教材开发

按照统筹开发的原则，结合本企业现场实际，坚持简洁实用的原则，完善教材体系。及时补充开发岗位培训教材，定期清理培训教材并公布使用，同时加强日常教材管理，各类教材须经过专业审查后方可使用。

二、承担全路开发任务

按全路要求及时组织修订基本教材及高铁岗位培训教材，对开发的教材和课件每两年组织一次评选，对优秀教材和课件推荐全路使用。

三、各专业基础性开发

由路局职教处牵头，各业务处配合，组织运输站段、基地共同开发专业性基础教材。根据各岗位作业标准和技术要求，在现场调研的基础上，结合实际组织基础性教材开发，为基础知识培训提供保障。

四、重要课题综合开发

围绕现场出现的难点和重点问题确定课题，组织专业人员进行开发。通过调研找准问题点，研究提出解决问题的方法和防范措施，并在现场进行反复试验的基础上进行开发，确保教材经得起推敲，切实解决现场实际问题。

第四节　教材审定组织

各站段和基地开发的教材及课件，要经过相应层级的审定后，方可在规定的培训范围内使用。

一、基层审定

站段和基地自主培训的教材及课件，由本单位教育管理部门自行组织审定通过后，在相应培训范围内使用。

二、路局审定

路局一般性培训教材及课件，由路局组织各业务处、相关站段和基地专业人员进行修改完善，审定后在局内各类培训中使用。

三、专家审定

对高新技术培训所用的教材和课件，在路局审定把关的基础上，聘请相关专家进行审定，通过后在高新技术培训中使用。

第十八章　课件开发

按照路局关于“教师理论授课的课件使用率不低于 90%”、“每个课件中视频、照片、图表等直观幻灯片的采用率原则达到 50%”（特殊课程不低于 30%）、“教师年度总课时中，本单位自主开发课件使用率不低于 60%，其中授课人自主开发课件使用率不低于 30%”的“四个比率”规定，强化课件的开发和使用，提升了教学效果。

本章提要

- 课件开发原则
- 教师自主性开发
- 基层专题性开发
- 路局系统性开发

第一节　课件开发原则

课件开发时应做到内容与形式相统一，对培训起到化难为易、化繁为简的作用。要充分运用多媒体、动漫等形式，避免把课件变成单纯的“黑板搬家”或“课本翻牌”。课件开发应遵循以下原则。

一、直观性原则

课件的设计切忌成为传统“板书”的翻版。要结合实际需要，最大限度地应用图表、图片、视频、动画等直观视觉元素，将相对呆板、晦涩、枯燥的培训内容直观化、生动化、形象化、具体化，拉近培训内容与学员生产生活经历的距离，便于学员运用以往和课堂的直观感受，深入消化理解所学的内容。

二、教学性原则

课件开发的目的是优化课堂教学结构，提高课堂教学效率，既要有利于教师的教，又要有利于学员的学。要选取那些常规方法无法演示或不易演示、演示观察不清的内容，选取课堂上用常规手段不能很好解决的问题，通过提供与教学相关的媒体信息，创造良好的教学环境、现实情景、资源环境，扩大学员的知识面和信息源。

三、可操作性原则

课件的操作要尽量简便、灵活、可靠，便于教师控制。在课件的操作界面上设置寓意明确的菜单、按钮和图标，尽量避免复杂的键盘操作，避免层次太多的交互操作。要设置好各部分内容之间的转移控制，可以方便地前翻、后翻、跳跃，对于演示课件，最好可以根据现场教学情况变化演示进程。

四、科学性原则

课件中显示的文字、符号、标准、工艺、规律的表述力求准确无误，工作原理模拟演示要正确，不能出现知识性的错误。

五、简约性原则

课件展示的画面要符合学员的视觉心理，画面的布局要突出重点，同一画面对象不宜多，减少多余动作和文字显示数量，避免或减少引起学员注意的无益信息干扰，保证学员充分感知所学内容。

六、艺术性原则

一个课件的展示不但要取得良好的教学效果，而且要使人赏心悦目，使人获得美的享受，从而激发出学习的兴趣。优质的课件应是内容与美的形式的统一，做到结构对称、色彩柔和、搭配合理、审美性强。

七、适度的原则

适度原则就是利用认知学习和教学设计理论，在教学过程中有效组织信息资源，提供适度的信息量，根据教学设计，适当运用多媒体教学课件，使学员通过多个感觉器官来获取相关信息，提高教学信息传播效率，增强教学的积极性、生动性和创造性。在解决教学难点重点、扩大视野的同时，能让教师自主地教学，让学员在教师的指导下自主地对信息进行加工。

第二节　教师自主性开发

通过个体开发和合作开发的形式，组织教师根据培训需要，自主地开发教学课件。

一、教师个体开发

充分调动有能力、有经验的骨干教师，发挥各自的潜能，根据自己擅长学科或某一专业，有针对性地开发相关教学课件，并在教学实践中反复修改和完善。

二、教师合作开发

鼓励和支持各相同专业教师间开展学术交流与合作，相互学习和相互借鉴，由事业心和责任感强、技术业务水平高的教师为召集人，合作开发有应用价值的培训课件，走资源共享、合作共赢的开发道路。

第三节　基层专题性开发

各站段、职培基地、实训基地根据教学需要，有计划地组织进行各类教学专题课件的"专题性开发"，在本单位使用并纳入路局"课件库"共享。

一、普遍需求性开发

在深入生产一线认真调研培训需求的基础上，对职工有普遍需求而又没有现成教材和课件可以使用的培训内容，根据专业人才优势，组织精兵强将展开集体攻关，搞好普遍需求课件的重点开发。

二、特殊需求性开发

根据高铁等新技术、新设备的培训需要，组织专业人员到院校学习和生产厂家培训的同时，多渠道购置技术书籍和设备资料，结合培训需求实际，有组织、有计划、有分工、有协作地抓好课件开发工作。并针对个别人员较少的行车主要工种培训课件短缺的实际，积极搜集资料组织开发，填补课件空白点。

三、超前预见性开发

紧盯铁路科技发展趋势，对将来可能在路局应用的新设备和新工艺，提前选派有培养前途的年轻骨干教师进行学习，做好未来先进技术设备的师资储备工作。并根据路局技术和设备更新进展情况，组织有预见性、有步骤地超前开发培训教材和课件，改变过去对新技术边应用边找培训资料的被动局面。

第四节　路局系统性开发

职教处要按照各系统各项重点培训内容，有计划地组织各业务处进行“系统性开发”，使各专业、各工种、各项培训逐步都拥有系统化的专门课件，纳入路局“课件库”共享。

一、基础类课件开发

各业务处结合本系统各工种应具备的职业技能，按照初级工、中级工、高级工、技师等级应培训的内容，分层次制作职业技术、技能、技巧学习训练课件。

二、实用性课件开发

各业务处要结合本系统实际需要，针对“四新”知识、应急处置、季节性培训等重点内容，围绕可能出现的疑难问题及解决的方法措施，有针对性地制作教学课件。

第十九章　题库开发

要根据不同职名分类，按照标准题型格式，及时做好站段题库的更新，定期做好路局题库的维护，满足职工各种培训和考试的需求，为一线提供良好的培训资源服务。

本章提要

- 站段题库的开发维护
- 路局题库的开发维护

第一节　站段题库的开发维护

各站段要每月根据培训考试需求，编制开发按职名分类的相关知识点试题，纳入站段题库并随时更新维护。同时，要根据培训的季节性特点，参照路局相关职名的题库内容，结合本单位职工培训的实际情况和特殊要求，全面涵盖待考职名各方面的知识点，编制或修改适合自己单位特点的、标准格式的试题库，并及时上传到"在线培训考试系统"中用于学习和考试。如有规章改变或调整，要及时更新相应职名的题库，做到全面、及时和准确无误。

第二节 路局题库的开发维护

职教处每季度组织各职培基地和实训基地，对各站段编制开发的试题进行遴选，并进行新试题的编制开发，一并纳入路局题库并及时更新维护。

路局职教处根据各级部门对规章、制度、要求的修改情况，适时组织各职培基地、实训基地，对各站段所编制的各职名的题库进行分类汇总，并进行统计分析、遴选，按照各职名题库中试题编制情况，进行综合分析，确定通用的各职名试题，组成路局级的各职名试题库，供各单位在学习、培训和考试中使用，发挥“在线培训考试系统”资源共享的优势，同时，减轻各单位编制题库的工作量，为一线单位提供良好的职工教育资源服务。

第二十章　教具开发

教具是整个培训中必不可少的组成部分，对增强培训的直观性起着非常重要的作用。要从培训工作的实际出发，开发和使用不同种类的教具，增强培训的直观性和吸引力。

本章提要

- 教具开发的原则
- 教具开发的作用
- 教具开发的种类

第一节　教具开发的原则

要根据培训目标和培训条件，突出实效性、针对性、计划性和科学性，组织好各类教具的开发和使用。

一、实效性原则

从培训目的方面来讲，教具的开发应有利于课堂教学活动的实现；从培训条件来讲，应该量力而行，从实际出发，讲求实效，并与其他教学活动相互协调，充分发挥教具的优势，在培训活动中真正产生实效。

二、针对性原则

根据培训工作实际，从突破重点、难点，培养学员能力的需要出发选择适当的教具，并且要针对学员的接受水平合理地设计教学过程，选择在适当的时机使用。

三、计划性原则

在进行培训设计时，要根据培训的对象、内容、目标，把何时使用、使用何种教具都纳入计划之中。

四、科学性原则

要根据学员的接受水平，正确恰当地开发与使用教具，开发教具过程应规范严密，防止出现科学性、构造性、原理性的错误。

第二节　教具开发的作用

教具的使用会使培训变得直观、简单并且充满吸引力，能够对培训产生多种促进作用。

一、激发兴趣的作用

形象的教具可以激发好奇心理和求知欲望，学员会因为有新鲜感而产生浓厚的兴趣，从而全神贯注地投入到学习中。

二、培养能力的作用

教具的使用会促进学员开放思维、专心思考，有利于学员自学能力的培养。

三、直观教学的作用

教具可以使学习内容重点突出，难点变易，化抽象为形象、深奥为浅显，帮助学员加深对知识的理解和掌握。

第三节　教具开发的种类

要通过投资配置和修旧利废等多种途径，开发专业培训需要的各种教学模型和实作培训需要的各类实训设备、设施。

一、教学模型开发

路局有计划地进行设备投资和经费下拨，为各站段和职培基地、实训基地配置相关专业必备的教学模型，为重点职培基地、实训基地和站段，配置关键岗位的仿真模拟操作系统。职教处负责指导并支持各站段、职培与实训基地，结合实训需要和实际条件，开发各类专题性、直观性的教学模型。

二、实物教具开发

依据实作培训需要，各行车主要站段、职培基地和实训基地，要努力创造和争取条件，修旧利废地建设所需的相关实物实训设备、设施。各业务处负责指导支持各实训基地，立足修旧利废，承担起全局相关职培基地需要的主要大型设备“实物剖件”等的开发和制作责任，为全局提高实作培训质量多做贡献。

第八篇 “流程化”模式的信息化建设

第八篇

“流程化”模式的信息化建设

按照“两网、四系统、六库”的格局构想，强化“流程化”培训模式的信息化配套建设和应用。通过建立具备培训全功能的局域网、互联网职教网站，完善“在线培训考试系统”、“互动教学考评系统”功能，开发多系统联动的“应急处置模拟推演系统”和“主要行车设备模拟检修系统”，以及下属单位配套网络建设，完善教材库、名师库、课件库、案例库、试题库、名课库，形成具备培训全功能的职教信息化系统，组织职工网上培训、远程培训、模拟演练。

第二十一章　培训网络建设

培训网络是铁路职工教育信息化系统（见图 8–1）的重要基础设施和功能实现载体要通过路局、下属单位、合作院校间的网络架设，形成覆盖全面、功能完善的培训网络。由路局职教网站、各下属单位职教网页、各合作院校远程教学网页，实现不同形式的培训登录及链接。分别在互联网和局域网建立职教网页，借助互联网实现培训功能向全员开放。利用局域网与各站段、基地、函授站等网页相链接，实现培训网络全面覆盖管辖范围。通过与合作院校的网页链接，实现远程教学功能。

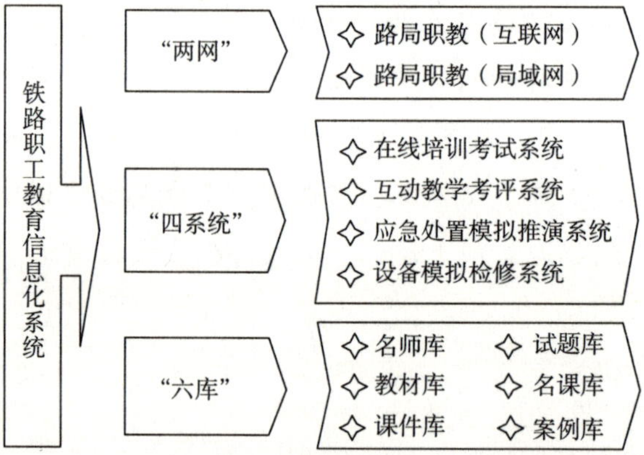

图 8–1　铁路职工教育信息化系统结构图

本章提要

- 路局网站建设
- 站段网页建设

第一节　路局网站建设

路局网站主页实行分区设置，根据需要分别设置办公区、发布区、学习区、培训区、演练区，每个区域设置不同模块，实现相应功能。

一、办公功能

在网站办公区，各站段和基地可以通过用户登录模块，上报培训数据和工作情况，下载职教文件及电报通知。路局可以通过用户登录模块，统计汇总培训数据，审核交流工作信息，流转职教文件电报，提供规章制度和相关政策查询。通过及时、准确、方便的互动信息传递，满足路局、站段、基地等职教部门之间的办公需要。

二、发布功能

在网站发布区，可以通过成绩发布模块，把路局级各种考试成绩、学分情况等进行公布，便于各单位及职工查阅统计。通过新闻发布模块，交流职工培训过程中的新闻图片或典型信息，使各单位之间进行信息沟通和经验交流。通过通知发布模块，部署路局工作重点和有关要求，以便各单位及时按要求进行落实。

三、学习功能

在网站学习区，可以通过“六库”登录接口，进入教材库、名师库、课件库、案例库、试题库、名课库进行自主学习。通过“在线培训考试系统”登录接口，利用“在线培训考试系统”学习、练习和考试。通过"互动教学考评系统"登录接口，进行故障处理、顺序作业、组装作业、规章制度的学习。通过"主要行车设备模拟检修系统"登录接口，利用直观教学功能进行主要行车设备检测修理知识的学习。并通过与合作院校的链接，登录相关院校网页进行远程学习。

四、培训功能

在网站培训区，可以通过登录"主要行车设备模拟检修系统"，利用主要行车设备的仿真教学、练习、考核、点评、答疑功能，对职工进行按工艺检修能力和故障判断处理能力的培训。通过登录"应急处置模拟推演系统"，对职工进行各种非正常场景的预测预警、应对措施、善后处理等应急处置程序培训，提升职工对突发事件的反应、判断和处置能力。

五、演练功能

在网站演练区，利用"应急处置模拟推演系统"的联合演练功能，针对自然灾害、设备故障、行车非正常、通信故障各种非正常场景，进行多系统、多专业、多部门、多工种、跨区域联动的综合应急演练，提升统一指挥、分工协作、反应灵敏、有序高效的应急处置能力。

第二节 站段网页建设

站段对应路局职教网站功能，在功能模块与路局职教网站相配套的基础上，根据自身工作特点、工作性质、企业文化、所处环境等情况进行特色设计，建设独具特色的职教网页，网页要满足以下要求。

一、导航设计清晰

在网站导航的设计上，不要使用过于花哨和复杂的设计，防止给使用带来干扰和难度。要做到简洁却不简单、清爽而且清晰的导航设计风格，链接最多不超过3层，用于导航的文字要简明扼要，既要具有良好的视觉效果，而且还能够快速查找所需要的内容。

二、栏目设置准确

围绕教育培训主题，周到细致地设置不同栏目或版块，囊括足够丰富的内容，便于快速获取更多相关信息，增强网站内容的丰富性和充足性。

三、及时维护更新

站段要充分考虑网站维护问题，可以定时将网站内容备份到本地电脑或网站空间，实现网站内容的备份和系统优化，保证网站的安全可靠，并随时与路局网站同步更新，优化系统功能，提高网站的运行和浏览速度。

第二十二章　在线培训考试系统建设

职工教育在线培训与考试系统基于 Microsoft Visual Studio 2005 开发平台，在路局设主服务器，在各站段也安装专用服务器并设客户端。实现覆盖工作区域的培训与考试功能。

本章提要

- 系统构成
- 主要功能

第一节　系统构成

在线培训考试系统主要由组织机构、职员管理、教材管理、题库管理、考试管理和成绩查询模块组成。

一、组织机构模块。以树形操作界面显示各级机构的简称，根节点是路局，所有的站段是二级节点，第三级节点为车间，第四级节点为班组。

二、人员管理模块。通过操作界面定义组织机构的职员，职员信息包括工号、姓名、所属机构、职名、职称、电话、家庭住址、邮政编码、备注等。人员信息可以从该人事系统中导出到 EXCEL 表中，然后对 EXCEL 表进行整理补充。

三、教材管理模块。按知识体系、培训类别和工作岗位，选择不同的查看方式，分别出现知识体系树、培训类别树、工作岗位树，点击相应的树节点，则显示该知识体系、培训类别或工作岗位下的教材信息。

四、题库管理模块。在试题内容和试题选项中可以输入文本，也可以插入图片，试题信息中的试题难度、缺省分数、答题时间、试题来源、试题版本、过期日期等信息可自行设定。

五、考试管理模块。连接路局考试系统考试添加成功后，在考试列表中找到在路局新增的考试，并点击对应操作列中的按钮，当数据同步到本地服务器后，在"监控页面"上点击生成考试试卷。生成考试试卷后，考生即可在前台"在线考试"页面看到当前需要参加的考试。

六、成绩查询模块。选择相应考试并点击操作列中的"成绩查询"按扭，在弹出的页面中可以查询所有参加当前考试的学员成绩。点击"查看"，可以查看该考生本次考试的答卷；点击"导出"，可以将该份答卷导出；点击"批量导出答卷"，可以一次性导出该考试所有考生的答卷；点击"导出成绩登记表"，可以导出该考试的成绩登记表。

第二节 主要功能

在线培训考试系统利用铁路办公网的网络环境，以考试系统应用软件为软件环境，路局办公网所到达的地方均可进行学习、培训和考试。系统主要具有以下功能。

一、计算机考试

在路局考试系统服务器上导入题库、建立考试、同步到站段服务器、生成试卷后，参加考试的考生就可以登录站段服务器进行计算机考试。分数与试卷在建立考试时能够设定可以查看或不可以查看。题型为单选、多选、判断。

二、纸质考试

在路局考试系统服务器上导入题库，还可以导出标准的纸质试卷，进行笔答考试、人工判卷，核分后，可以输入服务器进行统计分析。题型为单选、多选、判断、填空、简答、论述等。

三、学习及练习功能

登录考试系统自由学习模块，可以选择自己感兴趣的知识进行学习。系统在教材下面挂接题库，各职名教材丰富，各取所需。在练习时，直接可以在计算机上试做各种试题，看看自己理解的问题对与否。并及时与正确答案核对，找出薄弱环节，进行针对性学习与练习，从而提高学习效率。该系统非常适合学员自学与提高训练。

第二十三章　互动教学考评系统建设

互动教学考评系统中包含各工种的应知应会和作业流程，侧重于实作类的学习、培训、考试和竞赛，不但可以提高职工的学习效率，而且可以节省大量的培训费用。

本章提要

- 系统构成
- 主要功能

第一节　系统构成

利用职教网络，由路局服务器和各单位媒体服务器组成考评系统硬件环境，以考评系统应用软件为软件环境，形成网络考评系统，运用现代多媒体技术进行学习、培训、考试和竞赛。改变了传统的文字对答方式，以图片、声音、视频和动画等现代化方式传授知识点，提高了培训的吸引力。

第二节　主要功能

互动教学考评系统针对现场工作需求和实际教学需要，主要提供了以下培训功能。

一、故障处理教程功能

分故障现象、故障原因和故障处理顺序三个步骤，分别把素材（文字、图片、声音、视频以及动画）输入到服务器中，建立故障处理类教程，针对教程进行自学、测试、考试和竞赛。

二、顺序作业教程功能

将顺序作业的全过程分解到各步，每步都用各种媒体表现形式来表现，使职工既可掌握作业的顺序，又可学习每步的要点和难点，通过声、像和动画展现作业各流程，增强对作业顺序的理解和巩固。

三、组装作业教程功能

将总装图需要考察部分进行覆盖，让职工选择、判断组成部件，并在此基础上，编制关于此部件的试题供职工学习、判断，使职工在组装过程中，理解部件的功能以及部件组装注意事项等。

四、规章制度教程功能

将经常用到的规章、制度、文件和电报等分类划分成条目，按照每条目的具体要求输入相关媒体（文字、图片、声音、视频以及动画），形成规章制度教程供职工学习和培训。

第二十四章　应急处置模拟推演系统建设

利用系统仿真模拟铁路各种非正常情景，对突发事件的预测预警、应对措施、善后处理等应急处置过程，有针对性地进行培训、演练和考核，提升职工的反应、判断和处置能力，有效防范突发事件对行车安全和运输秩序的影响。

本章提要

- 实现方式
- 推演模式
- 主要功能

第一节　实现方式

通过三维动画、同步语音、文字说明等多媒体演示手段，模拟呈现出各种非正常现象、应急处置流程、保障设施设备等真实情景，实现应对铁路各种突发事件的培训学习、自主练习、联动演练和效果考核功能。系统由运输、机务、工务、电务、车辆、供电、客运、货运八个子系统组成。各系统既可独立运行，也可各系统联动，实现多工种联合演练、模拟推演。系统运行方式分为单机运行方式、多机运行方式和多系统联动运行方式。单机运行方式，即以 1 台计算机为运行单元，单独运行系统程序，供 1 名学员进行应急处置演练。多机联动运行方式，即以 2 台及其以上的计算机为运行单元，通过采用局域网或互联网等联网方式，供2名及其以上的学员联合作业，共同完成各种应急处置演练项目。各种应急处置演练既可在一个微机室内完成，也可采用远程互动演练模式，实现各工种、各岗位人员分散在不同的微机室内，完成联合模拟推演。多系统联动运行方式，即2个及其以上系统的2名及其以上的学员联合作业，共同完成各种应急处置演练项目。

第二节　推演模式

应急处置模拟推演系统通过自动生成或人工设定，形成某一特定作业场景和演练课题，仿真演练和综合考核各类应急处置项目的处置全过程。

一、单系统单项目模拟推演

它包括单系统单项目单机模拟推演模式和单系统单项目多机模拟推演两种模式。单系统单项目单机模拟推演模式，即某一系统的学员在单机运行方式下，独立完成本系统涉及本职名的某个单一应急演练项目的演练。单系统单项目多机模拟推演模式，即某一系统的学员在多机联动运行方式下，2名及其以上学员相互配合、联劳协作，共同完成本系统涉及多工种的某个单一应急演练作业项目的联合演练。

二、单系统多项目模拟推演

它包括单系统多项目单机模拟推演和单系统多项目多机模拟推演两种模式。单系统多项目单机模拟推演，即某一系统的学员在单机运行方式下，独立完成本系统涉及本职名的多个应急演练项目交叉作业的演练。单系统多项目多机模拟推演，即某一系统的学员在多机联动运行模式下，2名及其以上学员相互配合、联劳协作，共同完成某一系统多个应急演练项目交叉作业的联合演练。

三、多系统单项目的模拟推演

它包括多系统单项目单机模拟推演和多系统单项目多机模拟推演两种模式。多系统单项目单机模拟推演模式，即某一系统的学员在单机运行方式下，独立完成多个系统涉及本职名的某个单一应急演练项目的演练，某系统或职名的配合动作，以计算机“自动动作”的方式进行，而且既可以设置“正确动作”模式，也可以人工或自动设置一个或多个“错误动作”模式，供演练人员识别应对。多系统单项目多机模拟推演模式，即多个系统学员在多机联网、联动运行方式下，几个系统的学员相互配合、联劳协作，共同远程完成涉及多系统、多工种的某个单一应急演练作业项目的联合演练。

四、多系统多项目的模拟推演

它包括多系统多项目单机模拟推演和多系统多项目多机模拟推演两种模式。多系统多项目单机模拟推演模式，即某一系统的学员在单机运行方式下，独立完成多个系统多个应急演练项目交叉作业的演练，某系统或职名的配合动作，以计算机“自动动作”的方式进行，而且既可以设置“正确动作”模式，也可以人工或自动设置一个或多个“错误动作”模式，供演练人员识别应对。多系统多项目多机模拟推演模式，即多个系统学员在多机联动运行方式下，几个系统的学员相互配合、联劳协作，共同完成涉及多系统、多工种的多个应急演练项目交叉作业的联合演练。

第三节　主要功能

应急处置模拟推演系统根据各种非正常情况对职工应急处置能力的需要，主要设置4项功能模块。

一、教学演示功能

根据学员的学习要求，既可直观仿真演示某一应急处置作业项目的一次标准化作业全部流程，也可自主选择演示片段。主要演示内容包括应急预警方式及应对建议、事件报告、应急响应等级预判、命令下达等应急响应流程，指挥协调、现场处置、后期处理等配套措施。

二、仿真演练功能

仿真演练功能包括分析流程、报告流程和应急处理流程三个子功能模块。

（一）分析流程

计算机系统采用动漫演示、语音提示和文字说明等方式，仿真还原突发事件现场，供学员分析判断。并分别根据单系统单项目、单系统多项目、多系统单项目、多系统多项目等不同模拟推演分析流程，为学员提供相应的应急处置项目的突发事件情景，并以选择题的方式，为学员提供一组相近应急处置项目选项，让学员分析该应急处置项目属于哪一类应急处置。同时采用语音提示和文字说明等方式，说明突发事件的概况，其中应包括人员伤亡、经济损失、设备毁损及中断行车事件等因素，供学员判断应启动几级应急预案。

（二）报告流程

按照学员选择的突发事件等级，由学员判断应按照什么流程向哪级组织、哪些部门、哪些人汇报。

1. 单机运行方式的报告流程。计算机系统以选择题的形式，给出一组相近报告组织、部门和人员的选项，供参加演练的学员选择。

2. 多机联动运行方式的报告流程。不能涵盖应急处置作业项目需要的全部职名时，没有人工操纵作业的岗位，由计算机虚拟完成；人工操纵作业的岗位，计算机系统仅提供各种作业场景，相关汇报流程由相关人员完成。能够涵盖应急处置作业项目需要的全部职名时，计算机系统仅提供各种作业场景，相关汇报流程由相关人员完成。

（三）处理流程

学员依据应急处理作业流程，自主选择作业方式和故障处理方法，进行应急处理。

1. 单机运行方式的处理流程。计算机系统为参加演练学员提供本职名涉及的作业项目，由其独立完成相关处理流程，其他关联作业项目由计算机系统虚拟完成。

2. 多机联动运行方式的处理流程。不能涵盖应急处置作业项目需要的全部职名时，没有人工操纵作业的岗位，由计算机虚拟完成；人工操纵作业的岗位，计算机系统仅提供各种作业场景和检修工具，作业方式和故障处理方法的选择，相关处理流程由相关人员完成。能够涵盖应急处置作业项目需要的全部职名时，计算机系统仅提供各种作业场景，相关处理流程由相关人员完成。

三、综合考核功能

系统在教师人为控制下，设置应急处置考核项目和考核的难易程度。各类考核项目设置考核难度等级，难度等级至少包括 3 个层级，难度等级既可自动生成，也可人为设置。系统根据学员一次作业情况，后台自动评分。并将考核分数和本次实作演练错误项点，纳入学员积分制考核系统，自动记录到学员技术档案上，并统计和分析学员技术“短板”在哪里，工作弱项在哪里，供路局职教部门、站段职教部门和学员本人了解应加强哪些知识点的再学习和持续补强。同时每名学员的每次考核分数逐次累加，作为每名学员年度培训考核情况的主要依据之一。

四、系统点评功能

系统根据学员仿真演练和综合考核情况，自动排列出学员应急处置作业流程，并能够指出学员哪项作业符合作业标准，哪些作业不符合作业标准。针对错误的作业项点，系统为学员提供正确作业的方式、方法，通过正确和错误作业流程对比，加深学员学习烙印。

应急处置模拟推演系统结构图如图 8-2 所示。

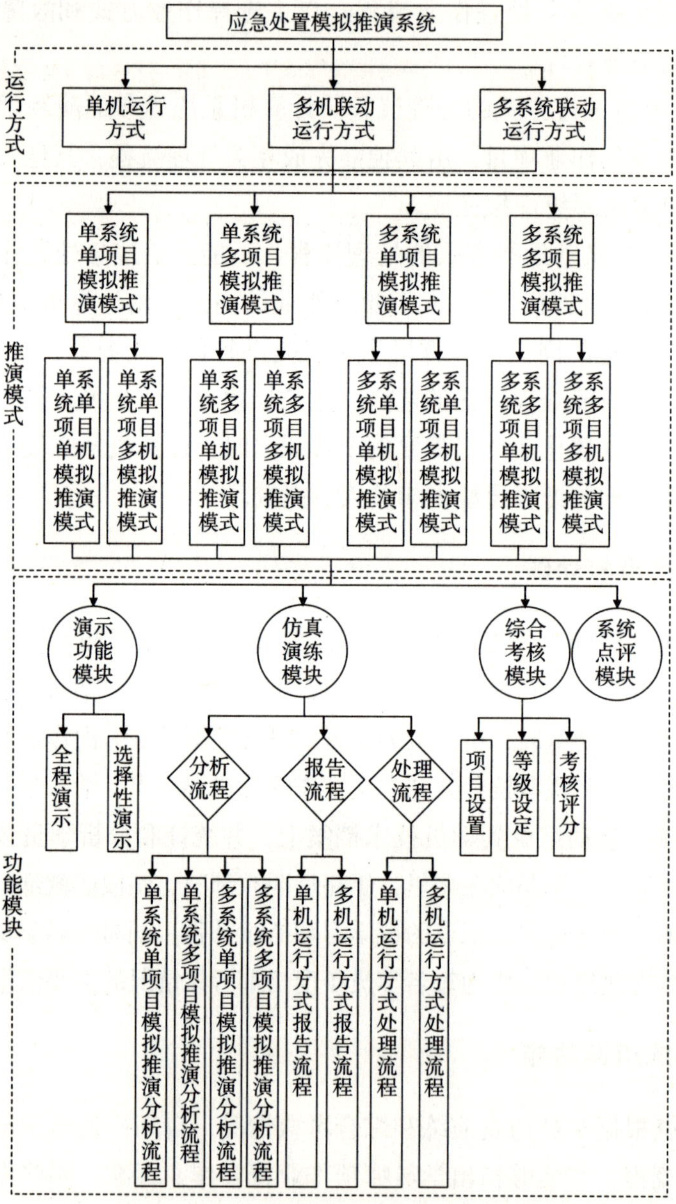

图 8-2　应急处置模拟推演系统结构图

第二十五章　设备模拟检修系统建设

设备模拟检修系统通过模拟仿真，实现对铁路主要行车设备及各组成部件检修的教学、练习、考核、点评、答疑功能，提高职工对主要行车设备的按工艺检修能力和故障判断处理能力。设备模拟检修系统按机务、车辆、电务、通信、供电等铁路专业系统，分别建立设备模拟检修子系统，每个子系统中都包含了主要行车设备和部件的模拟检修功能。

本章提要

- 系统组成
- 主要功能

第一节　系统组成

设备模拟检修系统主要由与培训网页的登录界面和主要行车设备检修培训所需的功能模块及辅助项目组成。

一、登录接口

通过互联网和局域网的职教网络系统培训区登录，可按系统、工种、设备类别灵活选择登录条件。其中既可登录路局网站，进入全系统、全工种、全设备显示界面，也可登录站段网页，通过链接简洁显示本单位涉及的工种和设备显示界面。

二、功能模块

建立直观教学、运行检测、故障诊断、修理操作、系统点评、远程答疑、综合考核模块，供职教人员和学员按权限及需要进行选用，实现集教学、练习和考核为一体的检修能力培训功能。

三、辅助项目

设立辅助功能区，可按系统、工种、设备多种选择条件，以及人工设置故障和自动生成故障两种模式，两种模式下都可以按照不同等级设置故障。在进行互动教学、运行检测、故障诊断、修理操作过程中，学员可以随时调用工艺资料、设备图纸、作业指导书、作业工具等仿真辅助功能，并设置搜索引擎，可输入关键字快速查找调用具体辅助功能，满足职工检测修理过程中的观察、辨听、测量等各种需求。

通过三维动画、同步语音、文档说明等多媒体演示手段，仿真模拟主要行车设备和设备组成部件的构造原理、运行状态、故障现象，真实呈现铁路主要行车设备的运行过程和检查、修理过程，实现对运行过程的状态检测、故障判断和修理操作等功能，以及对检修过程的解体、清洗、装配、试验等功能。

第二节　主要功能

根据主要行车设备检修工作对职工作业水平的需要，对动车组、机车、车辆、电务、供电等重点设备，按系统和子系统模式，科学设置功能演示、仿真演练、综合考核、系统点评等各种模块，实现直观教学、运行检测、故障诊断、修理操作、考核评分等多种功能。

一、直观教学功能

以三维仿真动画为主要形态，综合运用声、光、电、文字等形式呈现真实景物，按工艺、按流程直观反映各部件的结构、各组成零件的配合拆装、各专用工具及测量工具的使用规范、各种设备的运行过程，直观呈现各种常见故障的表象特征，直观展示按工艺进行的检查修理过程。以此反复演示，提升一线职工检修作业的标准化、规范性和文明化。

二、运行检测功能

动态显示主要行车设备的运行过程，职工在规定时间内，按工艺标准和作业指导书要求，在辅助功能区正确选用所需工具，对设备运行状况进行检查检测，对设备作用情况进行功能试验。系统对每人的各个检测环节都予以评分，还可以做出正误对比。

三、故障诊断功能

在系统数据库中，植入主要行车设备可能发生的各种故障，并关注新发故障随时进行更新。设定故障分为人工设定和自动生成两种模式。选择人工设定故障时，由职教人员根据需要插入具体故障；选择自动生成故障时，系统在故障数据库中自动调入故障。各种故障分为不同的严重程度和难度等级。职工通过检查检测和功能试验，对主要行车设备的故障现象做出正确判断。

四、修理操作功能

职工对故障现象进行正确判断后，通过修理操作功能，对设备故障在规定时间内进行修复操作。修理操作功能设置练习功能和考核功能两种模式。在练习功能模式下，操作不正确时，系统产生错误提示，经过完整、正确的操作后，才能继续进行下一道工序及步骤，使职工边学边干，有效提高实作动手能力。在考核功能模式下，系统自动对操作情况进行全程记录，操作结束后，对应标准自动对错误操作的步骤、项点及处所产生考核并指出错误项点，演示正确的操作过程。

五、系统点评功能

在一次完整的检查修理作业程序完成后，系统对照数据库中工艺规范和作业标准，对操作过程进行打分考核并显示出相应操作缺陷，同时根据考核结果对操作水平进行档次评价。

六、远程答疑功能

职工对练习中产生的疑问或技术上遇到的难题，可以通过远程答疑功能留言，由职教部门组织专家组和名师库人员，针对网上留言定期进行疑难解答。

七、综合考核功能

既可对职工练习过程进行打分评价，又可对实作过程进行打分考核，并可根据学分制管理需要，对考核得分折合成学分，自动记入职工电子技术档案。

设备模拟检修系统结构图如图 8–3 所示。

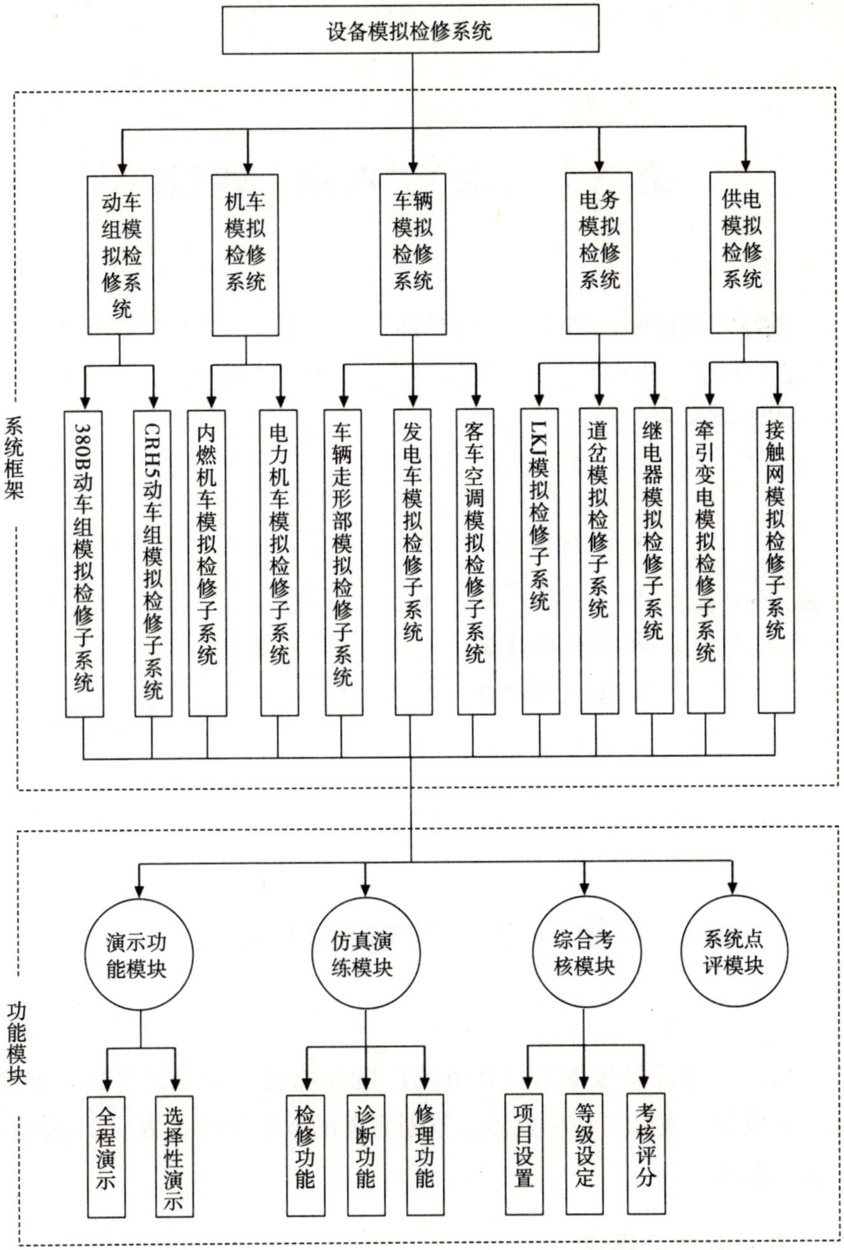

图 8-3 设备模拟检修系统结构图

第二十六章 "六库"建设

抓好"教材库、名师库、课件库、案例库、试题库、名课库"等"六库"的完善和充实，并与铁路职教信息网络相链接，丰富和完善培训所需的各类资源。

本章提要

- 教材库建设
- 名师库建设
- 课件库建设
- 案例库建设
- 试题库建设
- 名课库建设

第一节 教材库建设

教材库建设是根据培训任务的广度和深度，提升教材数量和质量，形成符合实际、适应发展、不断完善的教材资源，为职工培训提供基础保障。

一、教材库建设要求

（一）做到动态跟进。密切关注新技术、新设备、新规章、新工艺的发展动向，及时修订教材内容。把握教育培训技术发展趋势，不断改进教材呈现形式，紧跟铁路发展和岗位变化，不断完善教材品种。

（二）把握内容要求。掌握好理论知识与实作技能的比例，对作业标准、操作程序、动作要领的表述要准确、全面、直观，并做好文字教材与电子音像教材的配套建设。

（三）关注质量反馈。注意收集专兼职教师和学员对教材的意见和建议，根据教材使用过程中的信息反馈，有针对性地对教材进行改进，不断提高教材建设水平。

二、教材库建设思路

按照分工开发、专业审定的原则，以职工培训需求为导向，以实际、实用为标准，站段负责每季度开发攻关性教材，基地负责每季度开发专题性教材，路局负责每年开发综合性教材，合力共建精品教材库。各类教材以电子文档为主、纸介为辅。电子文档教材链接职教网站资源共享。

第二节 名师库建设

名师库建设是通过逐级选拔和重点培养，努力建设一支专业擅长、能力胜任、适应发展、覆盖全面的名师队伍，为职工培训工作提供先决条件。

一、名师库建设要求

（一）加强日常管理。建立名师档案，对使用情况、日常考核情况、接受新知识培训情况等及时进行掌握。

（二）加强经验交流。不但要完成名师培训学员的任务，还要通过举办教学经验交流会等形式，搭建交流平台，改进教学方法，提高教学能力，履行名师对专兼职教师的辅导职责。

（三）加强动态管理。对名师从业务素质、教学表现、授课质量、培训效果等方面进行综合评定，实行优胜劣汰、动态管理。

二、名师库建设思路

建立师资选拔、培养、考核、激励一体化机制，利用示范课、精品课层层选拔和综合评估等多种形式，通过重点培养、深造培训等多种途径，按照教学方法灵活、教学手段多样、具有先进培训理念和知识提升潜力的原则，培养选拔各系统、各专业的拔尖师资进入名师库，建设一支相对稳定、结构合理、素质优良的专业带头人和教学骨干队伍，供全局职工培训时根据专业特长和擅长科目统筹选用。

第三节　课件库建设

课件是将培训内容以图、文、声、像、动画等形式，直观、形象、生动地作用于学员的感官，使学员更加直观感悟知识，产生自主学习的兴趣，从而提高培训质量。课件库建设是通过多方开发和层层筛选，选择适合职工培训的优秀课件，分门别类汇集成库并链接职培网站资源共享，形成丰富的授课资源，全面促进各类教师授课质量的提高。

一、课件库建设要求

（一）突出实用性。在设计课件时做到界面人性化、原理直观化，不但教师培训时可以调用，职工还可以通过网络进行自主学习。

（二）重视直观性。课件的制作切忌变成“板书”的翻版。要根据实际需要，尽可能地采用图表、图片、视频、动画等直观元素，把理论问题形象化、直观化地阐释清楚。

（三）提高艺术性。不但要注重课件的教学内容，还要注重课件的视听效果，在界面的布局、资料的运用、图片的搭配、视频的选择、动画的设计等方面周全考虑，做到内容与形式的完美结合。

（四）注意知识性。在课件制作过程中要突出以培训目的为指导，课件是为实现培训目的服务，制作过程中要对理论阐述和画面解析合理穿插，以便帮助学员理解和消化知识点。

二、课件库建设思路

以培训对象为中心，以培训内容的知识点为主线，按照教师自主性开发、基层专题性开发、路局系统性开发的思路，有计划地根据各系统各项重点培训内容组织课件开发，逐步做到各专业、各工种、各项培训都拥有系统化的专门课件，并统一汇集到路局“课件库”进行共享，为培训提供优质的教学资源。

第四节 案例库建设

案例是指具有现实指导意义和启发借鉴作用的代表性事件，案例库则是针对特定培训对象的案例集合。案例库建设就是充分考虑铁路培训的性质和特色，选择适合职工培训的案例分门别类汇集成库，形成丰富的案例培训资源。

一、案例库建设要求

（一）案例的真实性。案例要取材于生产和工作实际，不能凭个人的想象杜撰案例。

（二）案例的完整性。编写案例时，至少要包含以下几要素：一是事实描述。案例发生时的原因、经过、后果等，要求内容真实、详尽。二是相关背景资料。主要介绍案例发生时的环境、形势等。三是分析评价。由专业人员对案例进行分析和做出结论，要切中主题，有实际指导意义。四是应用范围。明确案例适合应用的培训类别和培训对象。

（三）案例的准确性。案例的内容从开始到结束都要做到叙述准确，案例中的分析和结论，必须符合有关规定及技术规范的要求。

（四）案例的启发性。案例是为培训目的而服务的，每一个案例都要能够引人深思、启迪思路，进而深化对培训内容的理解，增强解决实际问题的能力。

（五）案例的直观性。尽可能地运用图片、动画、视频短片等直观形式，回放演示案例，解剖分析案例，增强形象效果。

二、案例库建设思路

案例库建设坚持分层开发、资源共享的思路。以各生产站段为基础，把典型案例的收集纳入常态工作，发挥群体优势，汇集各方面的案例。以路局网站为依托，对分散的案例资源进行整合，并充分利用多媒体、动漫等技术对案例进行精加工，努力建设门类齐全、保质保量的案例库。同时，加强案例库的维护和更新，按照一定比例剔除过时案例、增加新案例，为增强培训效果助力。

第五节　试题库建设

试题是培训内容中重要知识点的提炼，是对整个教学质量进行检验的有效手段。试题库建设就是通过铁路各培训项目和培训内容重点知识的总结，从命题和解答两方面入手，建设覆盖全、数量足、质量高的试题资源，为检验培训效果提供服务。

一、试题库建设要求

（一）范围覆盖全面。试题范围应覆盖所有培训项目和培训内容，体现全面检测的原则，测试学员对所学知识的掌握程度和运用所学技能解决实际问题的能力。

（二）题目简明易懂。在不遗漏解题依据和思路的前提下，题目要语意清楚、简明扼要，答案要明确合理、重点突出，评分标准要简便、科学、准确。

（三）加强内容审核。加强试题录入、测试、考前几个环节的审核，保证试题库内容的正确性，体现培训考试的严肃性。

二、试题库建设思路

按照逐月编制、季度遴选、格式统一、及时维护的原则，各站段负责每月编制、修改本单位相关内容的试题，路局负责每季度对各站段编制开发的试题进行遴选，不断更新和补充填空、选择、判断、问答、辨析等多种题型的试题。并且做好路局网上题库功能建设，实现手工组卷、智能随机组卷、浏览及修改多种管理功能，最终形成覆盖面广、题量大、质量高的题库网络。

第六节 名课库建设

名课是指具有特色、体现一流教学水平、培训效果显著的优秀示范课。名课库建设是通过示范、评选等步骤，选择符合铁路实际、体现培训要求、教学方法先进、具有示范作用和辐射推广作用的精品课程，制作成视频短片，为提高职工培训质量提供优质资源保障。

一、名课库建设要求

（一）内容符合实际。课程目标、课程标准、教学内容、实作指导、学习评价等要素要以铁路发展实际为基本依据，按照企业岗位要求制作，确保课程内容规范。

（二）动态优化更新。采用模块化教学模式，开发不同工种、岗位的名优课程体系，组织专业核心骨干教师，结合评选不断优化项目、充实内容、完善功能。

（三）教学方法新颖。充分运用现代教学技术、方法和手段，加强多媒体技术、三维动画等教学形式的运用，丰富教学内容，增强培训效果。

二、名课库建设思路

采取层层评选的方式，站段、培训基地、实训基地每月推荐优秀示范课参加路局精品课评选。路局定期组织对精品课进行加工完善，打造“名课”。

第九篇 “流程化”模式的评估与激励约束

第九篇

“流程化”模式的评估与激励约束

质量评估和激励约束是培训工作的关键环节。要通过完善的评估体系，对培训质量做出科学准确的评价。通过有效的激励约束机制，实现培训效果与多种敏感因素联挂，增强培训的内动力和外约束。

第二十七章　评估体系

培训质量评估是检验培训效果的关键途径，要运用科学通行的评估方法，对培训质量进行科学评估。

本章提要

- 评估职责及评估机制
- 评估流程及评估原则

第一节　评估职责及评估机制

实行按照职责分工组织评估。

一、课程评估职责：对培训课程的 360° 抽样评估，由培训组织部门负责。

二、项目评估职责：对培训项目“流程管理”的 360° 抽样评估，由培训组织部门的上级主管部门或领导负责。

三、效果评估职责：对学员培训效果的 360° 跟踪评估，由培训组织部门的上级主管部门或领导负责，统筹培训组织部门、用人部门共同实施。

四、综合评估职责：对职教部门的 360° 综合评估，由路局职教处负责，相关业务处参与组织实施。

本着突出重点、抓住关键、科学设计、简单实用的原则，借鉴目前通行的评估方法，设计出 4 套“评估模型”，开展科学评估。

一、对培训课程的 360° 抽样评估。培训项目组织部门要对项目中的重点课程组织课程抽样评估。

四维度加权平均分数。上级听课评分 + 相关教师听课评分 + 教学管理部门听课评分 + 学员测评得分 = 评估结果。

二、对培训项目“流程管理”的 360° 评估。培训项目组织部门，要对所有培训项目进行评估；上级部门采取项目抽样方式进行评估。

四维度加权平均分数。上级对项目环节抽查评分 + 项目负责人对流程综合考评评分 + 培训组织部门对项目环节检查评分 + 学员对项目环节质量测评得分 = 评估结果。

三、对学员培训效果的 360° 跟踪抽样评估。对重点培训项目或重点培训群体，进行项目和学员抽样跟踪评估。

四维度加权平均分数。上级对项目测评得分 + 学员培训考试综合得分 + 学员所在部门对培训效果评分 + 学员岗位同事（服务对象或下级）对培训效果测评得分 = 评估结果。

四、对职教部门的 360° 综合评估。结合职教工作年度评比验收，对职教部门工作情况进行整体综合评估。

年度五维度加权平均分数。职教处检查评分 + 主管业务处评分 + 相关部门测评得分 + 相关车间测评得分 + 职工代表抽样测评得分 = 评估结果。

第二节 评估流程及评估原则

各级各类评估，原则上按合理分权设重→科学分类制表→随机抽取样本→严格组织测评→精统计细分析的流程组织实施（见图 9-1）。

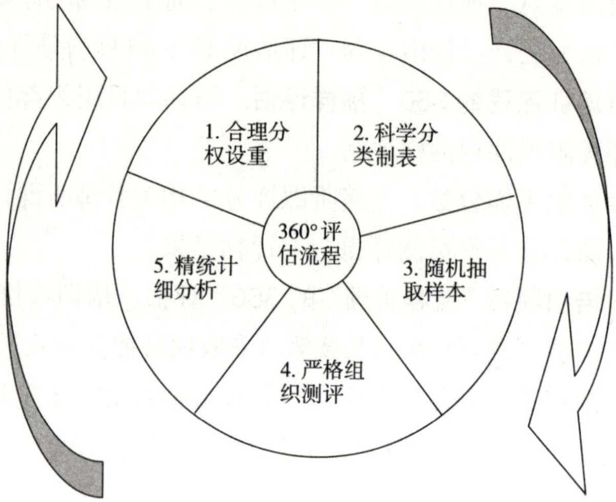

图 9-1　360° 评估体系流程图

一、合理分权设重

每种评估的各"维度"的"权重"，由评估组织部门设计，由所在单位领导审批后执行。要参照单项评估的规定"维度"，合理设计各维度的组成人员构成，保证各"维度"群体人员具有一定的相关性、广泛性、代表性、专业性、公正性。还要合理分配各"维度"的"权重"，保证轻重适宜、分配合理、格局均衡。

二、科学分类制表

评估组织部门和审批部门（人员），要根据培训项目和学员等实际，逐种评估地设计与审批各类"评估评分表"、"评估汇总表"。每种评估都要设计出统一的"评估评分表"（特殊的评估种类和"维度"需单独设计）；评估后要对评分结果统计汇总，形成"评估汇总表"。要按照各个培训项目流程和质量标准特点，科学、详尽地设计表格制式。要科学设计评估项点内容，既要注重关键事项的指向，又要简单易懂。要科学设计项点评分标准，既要体现各项点"权重"配置的合理性，又要易于评判给分。

三、随机抽取样本

评估组织部门和审批部门（人员），要合理设计与审批人员抽样方案。全员评估时，要保证全员性。抽样评估中，要保证抽取样本的广泛性、相关性、代表性、随机性、保密性、公平性，防止以寡充多、照单抓药、人为指定。

四、严格组织测评

评估组织部门要严密设计评估组织的操作细节规范，据以控制组织各个评估环节，保证按标推进、有序组织；要严守组织纪律，客观公正地卡控好各个评估细节，严防违纪和失误。

五、精统计细分析

评估组织部门，要认真组织评估结果的统计分析。要精心统计，确保相关数据准确无误；要深入分析，从各类数据的衡量对比中查找问题所在，从具体意见中物化问题表现，从“节点考评”和“综合考评”结果中，深入分析问题原因。最后，依据统计分析结果，形成相关“评估报告”。

在组织实施各级各类评估时，要注意遵守以下原则。

一、客观性原则

在评估过程中，一定要坚持实事求是的态度，排斥主观臆断，真实地反映出培训的客观效果。在实际工作中有许多因素会干扰评估的客观性。比如评估通常由相关内部人员完成，许多人出于对同事和部门之间关系考虑，不愿暴露消极因素，或者评估人员对某个群体学员存在偏见等，都会影响评估的客观公正。因此，对待评估应采取实事求是的态度，努力做出公平公正的评估结果。

二、实用性原则

评估过程中要综合考虑成本问题、时间问题和企业现状，操作过程要合理，评估方法要方便，评估工作要切实可行。不能为了获得资料与信息，把评估工作复杂化。

三、连续性原则

评估应是长期的、连续的行为。这样才能给予培训部门、学员和教师以持续的动力和压力。一次性评估的短处在于如果不重视而走形式，产生的一系列消极行为，将导致辛苦组织的培训效果付之东流。

四、方向性原则

要保证评估活动的正确取向，评估人员应时刻不忘培训目的和评估的基本要求。不能因为培训组织过程中全员参与、投资量大、气氛轰动等影响评估的结果，要严格按照评估标准，对培训效果作出公正评价。

五、可靠性原则

评估结果应是可靠的，不应具有太大的随机性、特殊性。培训主管领导和被评估者通常只看评估结果，不看具体过程。因此结果的可靠与否非常重要。评估人员应习惯于用批判的眼光评判培训过程，不要主观轻易下结论。

六、灵活性原则

在培训效果评估活动中，如果侧重点不同，所要求的事实和评判依据也就不同。因此，要使培训效果评估得以有效实施，就要根据具体情况，选择并采用恰当的评估方法。

第二十八章　激励约束

要牢牢抓住敏感元素，通过强有力的激励约束机制，充分运用评估结果，大力推行正激励和负约束，不断启发和灌输正能量。

本章提要

- 经费激励约束机制
- 奖惩激励约束机制

第一节　经费激励约束机制

通过基础经费分块下拨、设施设备差别投资、奖优经费分档下拨、兼课费分档支付、委外培训实行“保证金”制度等手段，有效利用经济杠杆，充分发挥教育经费的激励约束作用。

一、职教经费

职教经费分以下三块下拨。

（一）“基础经费”按年度和人头拨。根据各基层站段上年度末职工总人数，按实际人均基数下拨。

（二）“差别经费”按年度和技术含量拨。每年度根据各单位职工培训的任务量及技术含量不同，按系数差别下拨。

（三）"奖优经费" 按季度和绩效拨。根据日常掌握和检查考核各单位职工培训情况，按季度和工作绩效下拨。

二、设备投资

设备投资分以下三块下拨。

（一）按技术含量拨。考虑技术含量高低进行设备投资，减轻复杂作业工种的培训难度。

（二）按管辖范围和分布集中度拨。根据管辖范围和分布集中度，考虑培训工作的广度和覆盖面因素下拨设备投资。

（三）按利用率和效果分期拨。根据培训设备设施的使用情况和培训效果，下拨设备补充及维修费用。

三、兼课费

将兼课费支付标准划分为三个档次，每季度按照评课结果核发下拨兼课费。

（一）"局优兼课费"。被评为"路局精品课"的教师，标准按一档支付。

（二）"段优兼课费"。被评为"基层示范课"的教师，标准按二档支付。

（三）"一般兼课费"。未被评优的教师，标准按三档支付。

（四）报批审核程序。兼课费实行季度报批制度。各单位每季度上报工人培训专兼职教师兼课费评定结果，职教处根据各单位兼课费评定结果，结合日常考核情况，进行综合评定，按相应标准审定核发。对发现弄虚作假或违反规定的予以纠正并停发该季度兼课费，情节严重的进行责任追究。

（五）实行工作量否决制。对达到一、二档的奖优兼课费等级标准的教师，如果季度课时量达不到本单位全体教师课时量的平均值，则予以否决，仍执行三档“一般兼课费”；如果一个单位的季度人均课时量达不到本系统的平均人均课时量，则其中达到一、二档标准的教师，也不能获得相应的兼课费标准奖励，仍执行三档“一般兼课费”。

四、委外约束

（一）实行“保证金”制度。路局以“协议约定”的方式，规定委外合作院校应该达到的培训质量标准和要承担的保证培训质量的责任，约定“甲方（路局）将按照培训项目全部费用的一定比例（由职教处根据实际情况规定），暂缓支付相应数额的培训费，作为培训质量的‘保证金’，如果培训‘项目评估’和学员‘培训效果跟踪评估’中，确认项目培训未达到约定的质量标准，甲方将扣留‘保证金’不予支付”。

（二）暂停或取消合作关系。如果在扣留“保证金”后，相关合作院校不能按照路局职教处的要求，积极整改问题并达到质量要求，路局将“暂停”与该院校的合作关系，直至整改到位；如果受到“暂停”合作处理的院校，整改和恢复合作关系后，又发生培训质量不达标问题，则取消与该院校的合作关系并将其列入“黑名单”。

第二节　奖惩激励约束机制

将各类各项评估结果与评先选优、惩罚处理相联挂，建立职教工作的奖惩激励约束机制。

一、评先选优

将各类各项评估结果，作为各单位、职教部门的单项和综合性职工教育“先进单位”、“先进集体”的主要评选依据，作为各级各类职工教育“优秀教师”、“优秀教育工作者”的主要评选依据，作为路局级以上各类相关表彰奖励的重要依据。对“失格”单位、部门、人员，建议有关部门纳入其他综合性表彰的评选考虑之中。将职教评估结果纳入干部人事考核管理体系，对于长期表现优异的人员，建议有关部门予以重用。

二、惩罚处理

（一）对职教干部的惩处。对评估、检查、日常考核中问题较多的职教干部，依程度实行约谈整改、黄牌警告、建议调整、建议处分等惩处。

（二）对专职教师的惩处。对评估、检查、日常考核中问题较多的专职教师，依程度实行停课培训、黄牌警告、建议退出、建议处分等惩处。

（三）对兼职教师的惩处。对评估、检查、日常考核中问题较多的兼职教师，依程度实行停课培训、解除聘用惩处。考核称职的兼职教师，期满后可根据实际情况实行尾数淘汰择优补充。

第十篇　“流程化”模式的资料管理

第十篇

“流程化”模式的资料管理

基础资料管理对预测培训发展趋势、探索职工培训规律、有针对性地制定培训规划和计划、检查培训要求落实痕迹有着重要的作用。要加强基础资料管理，不断夯实推行“流程化”培训模式的管理基础，更好地为开展职工培训服务。

第二十九章　资料管理的原则及要求

要在传统资料管理的基础上，确立、推行与“流程化”培训模式相匹配的管理原则和设置要求，适应新模式中培训管理、需求分析、培训设计、培训组织、考核评估等各方面的需要。

本章提要

- 管理原则
- 设置要求

第一节　管理原则

“流程化”培训模式的资料管理要遵循以下原则。

一、指导性原则。基础资料的建立，不是为了再现工作和展示成绩，而是要发挥基础资料的指导作用，利用日常积累的资料预测培训工作，为培训规划、培训决策服务。

二、目的性原则。各项基础资料的内容范围都是为开展培训提供可靠依据和服务的，任何基础资料在设立时都应以满足培训需求为前提。

三、科学性原则。在基础资料的设计和管理上，要做到简单、实用、有效，格式样式、填记要求等要符合实际、维护简便，设立、分类、统计要科学合理。

四、适应性原则。基础资料管理要与企业管理相适应，与人事、劳资等其他相关部门及各项管理制度相配合，内容、范围、形式、方法等均要适应本企业的管理特点，既要符合职教的要求，又要与其他方面的要求相协调。

第二节 设置要求

按照统筹、简化、务实的要求，做好“流程化”培训模式相关基础资料的设置。

一、统筹的要求。按照推行“流程化”培训模式的需要，对原有培训基础资料进行科学的统筹和取舍，“流程化”培训模式中需要建立的，原有基础资料不再重复要求。

二、简化的要求。对各项基础资料本着实用的原则尽量简化，在推行“流程化”培训模式的过程中，尽量减少自行设定的基础资料。

三、务实的要求。对必须建立的基础资料要以实用为目的，不对资料管理标准做过多规定，只要资料能够真实反映培训过程、充分体现培训效果即可。

第三十章　基础资料的分类及整理

要在继承、发展、创新的基础上，根据推行“流程化”培训模式的需要，对培训资料进行科学分类、完善、整理和归集，不断规范“流程化”培训模式的资料管理。

本章提要

- 资料分类
- 整理要求

第一节　资料分类

根据“流程化”培训模式的性质和需要，基础资料大致可以分为以下7类。

一、培训管理类资料。建立路局职教处、各业务处、站段、职培基地的教育培训职责，明确站段、职教科、相关科室、车间、班组的培训分工，制定培训设施设备管理制度、车间讲堂制度、班组学堂制度、学分制管理制度，出台经费使用、设备投资和委外培训管理办法。

二、需求分析类资料。相关科室、车间、班组上报的需求分析材料，职教科对整体需求汇总后形成的需求分析报告，日常每月预见性需求分析、每季重点性需求分析、每半年普查性需求分析、动态问题实时需求分析报告及分析用测评表等相关资料。

三、培训设计类资料。年度轮廓计划及半年调整计划，月度段、车间、班组培训计划，重点培训项目的单项安排。

四、培训组织类资料。根据集中培训主体不同，分别由路局业务处和站段职教科编制“教学指导意见书”。培训项目负责人编制教学计划，授课教师编制教案和课件。实作培训按要求编制实作项目指导书和实作项目考核表。日常建立听课检查指导记录。

五、培训评估类资料。根据培训分工由主办部门建立并经主管领导审批流程质量标准网络图，建立对培训课程抽样评估、培训项目抽样评估、学员培训效果跟踪评估、职教部门综合评估的流程综合评估报告及评估表等相关资料。

六、师资建设类资料。制定职教干部上讲台制度，建立职教干部准入、退出机制和专兼职教师轮换、轮训机制，日常课时统计、课程评价等相关资料。

七、教辅开发类资料。制定职教网站管理办法、“六库”管理办法，站段每季度设计开发针对性教材或课件、基地每季度设计开发专题性教材或课件、职教处每年集中开发综合性教材，站段每月更新站段题库、基地每季度对站段题库遴选并更新路局题库。

第二节 整理要求

要加强基础资料的整理工作，做到真实、准确、规范、更新及时，不断推进基础资料的管理信息化，逐步提高科学化、规范化水平。

一、真实记载。做到内容真实、数据准确，并保证资料的有效性和正确性。要注意日常基础资料的积累，重视培训过程的痕迹记载。

二、及时更新。要注意基础资料的时效性，制度、办法等要根据变化及时废止和更新，基础台账要经常、及时记载。

三、准确填记。要准确记载培训活动中已经发生或正在发生的具体事项和各种数据，不需要抽象的、宏观的描述，只需要如实地、准确地进行填记。

四、规范保管。所有基础资料应项目齐全、干净整洁、填写清楚，存放规范。日常妥善进行编辑、整理、归集、建档。做到资料齐全、分类有序、查阅方便。并建立调阅记录，以免造成资料的遗缺。

参考文献

[1] 张俊娟，韩伟静. 企业培训体系设计全案 [M]. 北京：人民邮电出版社，2011.

[2] 众行管理顾问有限公司. 企业培训手册 [M]. 北京：机械工业出版社，2007.

[3] (法) 阿兰·梅涅昂. 管理培训 [M]. 姚纪恩，译. 北京：清华大学出版社，2012.

[4] 孙家俊. 现场职工培训方式指导手册 [M]. 北京：清华大学出版社，2012.

[5] 陈国海. 员工培训与开发 [M]. 北京：清华大学出版社，2012.